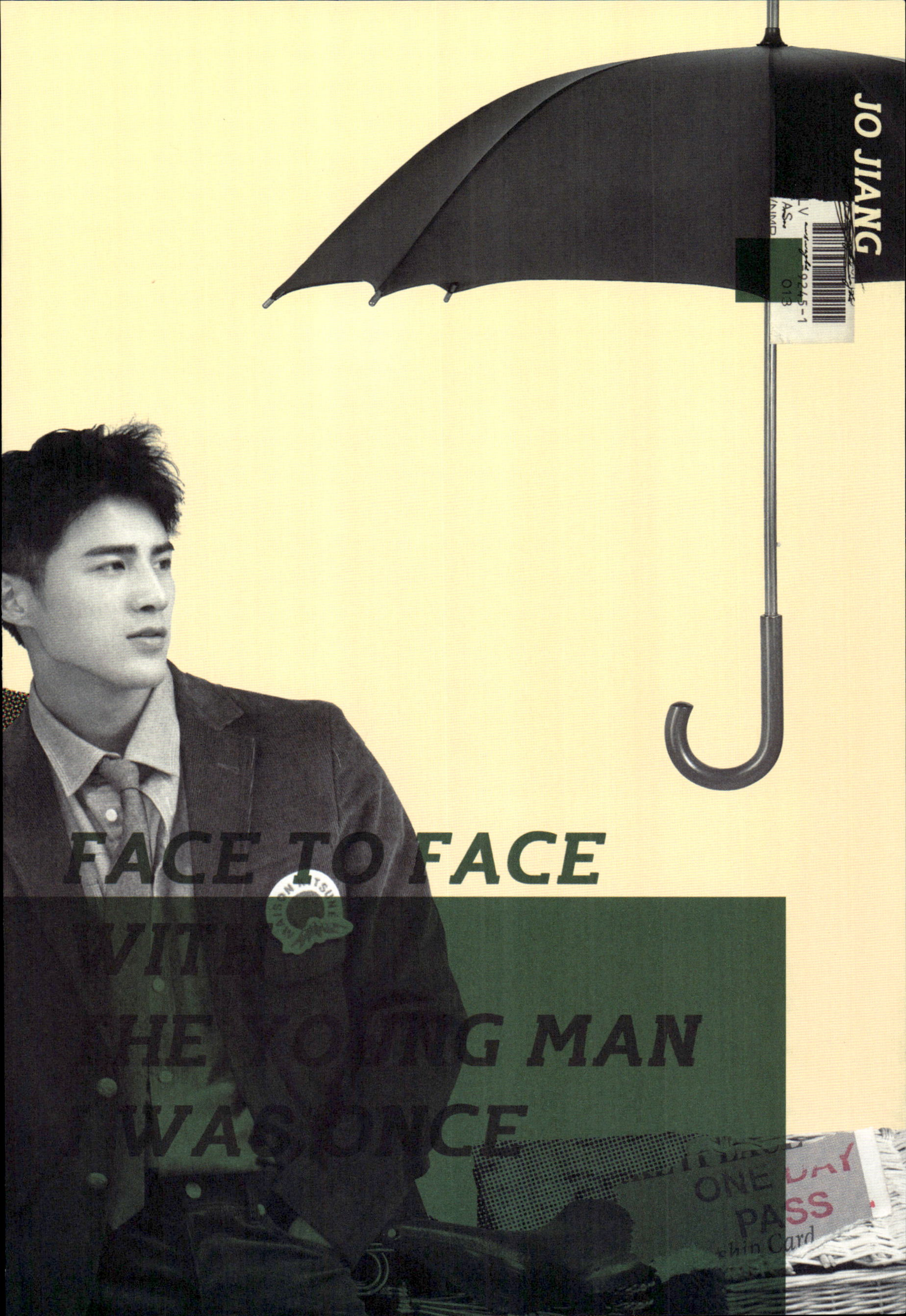

JO JIANG

FACE TO FACE

WITH

THE YOUNG MAN

I WAS ONCE

ONE DAY
PASS
chin Card

# 我们终将
# 与自己相遇

姜潮

著

北京联合出版公司
Beijing United Publishing Co.,Ltd.

前言

# PREFACE

*JO JIANG*

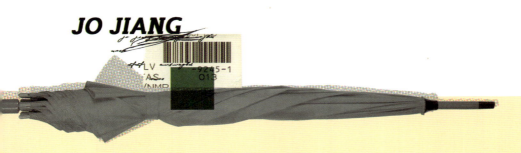

　　从刚一入行开始，就有很多人跟我说，姜潮，你不适合进入演艺圈。六年来，这样的声音从来没有停止过。他们总跟我说，姜潮，你太直爽了，说话容易得罪人，你也不够成熟，不懂得如何圆滑处世。而身边的一些朋友也会劝我，他们说姜潮啊，你太容易相信人了，你不知道这个世界有多复杂。

　　也许真的是这样，我承认他们说的是对的。我知道我并不是个处世圆滑的人，有时候，我很容易因为无意中说了什么冒犯到别人，但自己却并不知道。有时候，我也会有任性的时刻，哪怕是想要任性地为自己获得一些私人的安静的空间，为了保护身边的人尤其是家人不受伤害。但即使这样，也仍然会被人误解。这到底是情商低还是智商低，我已经不想对此深究了，毕竟，即使知晓了让我如此不"开窍"的原因，恐怕我也很难改变自己，或者变成一个完全陌生的姜潮。

　　我记得当我还是个孩子的时候，就常因为说话不小心惹恼了其他的同学而被他们告状，被排挤；但同时，我依然还是那个最愿意拿出所有玩具和他们分享的人，所以总会有许多同学来找我玩。那时候我还小，并未清晰地认识到自己是怎样一个人，可从那时我就知道，在这个世界上，有人会讨厌你，有人会喜欢你。

　　大学时期，我渐渐认识到，相比较其他的来说，我热爱音乐，我也喜欢电影、电视剧。我第一次知道了什么是梦想。它是这样一种东西，看起来是模糊的、虚无缥缈的，像是一个遥不可及的远方，不知该如何抵达，可又像是黎明时天空中的最后一颗明星，因为有它的存在，你有了努力的方向，不会感到慌张。

那段时间我去学习声乐，也学器乐，也爱和学电影的同学厮混在一起，只为了能够从他们那儿偷学点知识。直到参加《快乐男声》，我意识到，我遇见的那个内心里有个梦想的姜潮，终于有了能够触摸梦想的机会。

感谢所有爱我的人们，比赛还算顺利。然后是加入了 8090 这个小团体，那时候，我们单纯快乐地做音乐，单纯快乐地唱歌，单纯快乐地跳舞。如今回想起来，尽管每天的训练非常辛苦，也并不算富裕，可那是我最快乐的时光。那时候，我遇见了一个义无反顾的自己，我每天早起的时候都会浑身充满力量，每天都有无限的动力和热情，去与世界碰撞。

随后，我开始演电视剧和电影。这是一个与音乐不同的全新的世界，这里的人们有另一套游戏规则，而我却仍然是那个愣头青男孩，我身上还带着童年时那个小男孩的影子，说话直接，不假思索，看待事物黑白分明，没有灰色地带，坚持对就是对、错就是错。

身边仍然有人持续不断地告诉我：姜潮，你不适合这个行业。但此时的姜潮，已经不是最初的那个小男孩了，我想要证明自己，不是为了向任何人，只是向我自己证明，我可以是一个好演员。我努力背台词，有时候整夜不睡觉，我努力磨炼演技，揣摩角色。我也不怕吃苦，只要是为了更好地表现角色，我愿意去尝试一切我不曾尝试过的。那时，我遇见了一个坚强的、脾气倔强的姜潮，他仿佛在跟我说：他们这样说，我偏不信。

当我最最艰难的时候，我会想起初次踏入这个行业的时候，始终默默站在身后支持我的妈妈对我说："既然选择了，就要一往无前。"此后，每当我遇到艰难困苦，总会想起她这句话，也总会再次得到她坚定的支持。我要感谢她一直以来对我无微不至的关怀。

稍有名气之后，我开始收获鲜花和掌声，也收获嘲笑和嘘声。名声带来了爱我的人们，给了我更大的认可和动力，但同时，我的一举一动也招致了许多人的讨厌。最初，我很不习惯这样的自己，迫切地想知道他们为什么会讨厌我，甚至一言不合就以践踏"姜潮"为貌似正确、正义的行为，那迫切的程度甚至超过了对研究人们如何喜欢我的渴望。

在经历过社交网络上的诸多不愉快的事件后，我意识到，哪怕是一些正常的事情，我也不敢在社交网络上发布了。甚至有一次，从新闻中看到家乡安徽发洪水了，身在远方的我真的很想发一条微博来为家乡的人们加油，呼吁所有人帮助家乡渡过难关。可是，微博文字拟好之后，我又犹豫了，半天也没敢点下发送按钮，我非常担心网友会骂我伪善、蹭热点，但我更担心的是会不会因为我而让家乡也连带遭殃。于是，就为了发不发这条微博，我纠结了很久，还去征询同事、朋友们的意见，结果众人也是各执一词。原本一个非常简单的举动，后面似乎也被迫埋下了极其复杂的牵连。

那时，我遇见了一个无法将自己的私人生活完全与公共生活撇清的姜潮，他对于名声有些许困惑，对于别人的评价无法释怀，他甚至开始陷入深深的不自信，他在想，那些人说的话是不是真的？我是不是真的不适合这个行业呢？我是不是他们砸过来的那些词汇、头衔，脏得就像他们鞋底的口香糖一样让人嫌恶呢？这种困惑，让他每天起来照镜子时，都仿佛看不清自己了。

但所幸的是，即使我把自己的公众形象经营得如此被动，身边还是有众多的亲朋好友在开导鼓励我，支撑着我没有放弃，没有放弃我的梦想、我单纯快乐的处世原则、我所珍视的人与事。当我认识到，所有这一切喧嚣都会过去，也终将过去的时候，我发现了一个更加成熟的自己，不再畏惧别人的眼光，也从未停止过去成为一个好歌手、好演员的步伐。我对自己说：所有这些外界对我的否定都不能阻止我去成为那个我想要成为的人。

侯孝贤导演曾说过："所有的时光都是被辜负被浪费后，才能从记忆里将某一段拎出，拍拍上面沉积的灰尘，感叹它是最好的时光。"而我回首过去六年，却觉得，所有那些时光都没有被辜负和浪费，而遇见自己的每一个时刻，也都变成了我最好的时光。

姜潮

WED
SEPT 22

目录 _ *CONTENTS*

Nº 1

# N°2

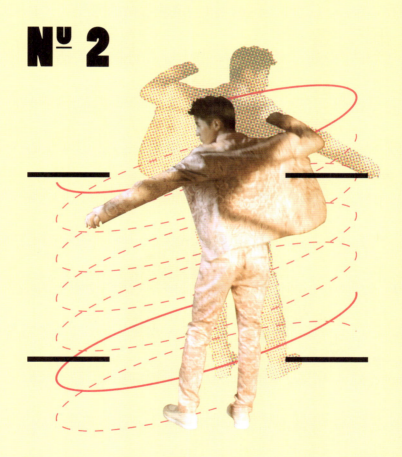

发现另一个自己

**Page_108**

# №3

# №4

我问另一个自己，
成功是什么

我问另一个自己，
演员是什么

# N⁰ 5

我问另一个自己，
爱情是什么

# N⁰ 6

我问另一个自己，
谁是姜潮

所有那些时光都没有被辜负和浪费
而遇见自己的每一个时刻
也都变成了我最好的时光

Lost in London

1

在世界的每一个角落，
与自己重逢

在剧本中穿行

　　到伦敦的第一个晚上，我就做了一个奇妙的梦。梦里我变成了一个很胖的人，坐在酒店里，桌上放着一大盘炸培根和煎鸡蛋，我刚要开始吃的时候，服务员走过来对我说，有酒店的钥匙才能吃早餐。我掏荷包的时候忽然意识到我的钥匙不见了，很着急，就到处去找，不知怎么，就走到了摄政街，看见那里漫天都是米字旗。

　　醒过来的时候，我躺在距离海德公园只有 800 米的帕丁顿车站旁的一个酒店里，脑子里还剩下仅有的几个影像：炸培根诱人的香味和摄政街上飘荡的米字旗。

此时天已大亮，外面传来哗哗的雨声，今天的伦敦有雨。雨水洗刷着路边的树叶，把它们洗得清亮又干净。

从前总听人说，如果你要和伦敦人交流，又找不到话题，那么谈论天气永远是没错的，因为那里的天气糟糕透了。他们说伦敦总是在下雨，天气阴郁，因此才有了那些闷在屋子里写字的大文豪。人们出门总是习惯穿雨衣带雨伞，夏天的时候，他们穿得稍微亮一些；到了冬天的时候，他们就穿上博柏利风衣，里面穿很绅士的黑色西服套装，这种穿着显得既成熟又沉稳，到那时，满大街都是"博柏利"。

然而早上的一阵雨过后，太阳居然出来了，我走到酒店房间的阳台上，抬头看蓝天，厚厚的云朵背后透出来一缕缕阳光，暖洋洋地晒在身上。似乎伦敦城不希望用湿漉漉的天气吓到我，而是在以这样一种温暖的方式欢迎我的到来。

这是我第一次正式造访伦敦，为了我的电影《岁月忽已暮》。故事原本的设定是在美国，但最后的拍摄将其改到了英国。于是，我有了第一次和伦敦这座古老城市相处的机会。吸引我成为演员的原因正是如此，可以体验不同的人物角色，还可以借他们的光，在世界各个角落漫游，彼时彼刻，走过路过那些风光的人，并不是完完全全作为姜潮的我，而是我与无数身份的重叠，在他们的悲欢离合中获得多倍的人生体验，是不是很神奇？更神奇的是，这些角色往往具备了很多超越我本身的能力，

我们终将
与自己相遇

　　这次是一个可以腾云驾雾的异人，下次是一个让无数女孩儿哭泣的坏小子，还可以是富可敌国的霸道总裁。我经常感慨，在他们面前，我是多么平凡，经历又是多么简单，但倘若有编剧可以用笔书写、改编我的人生，我可能还是宁愿做现在这个于现实生活中处处碰壁的愣头青，继续把奇幻体验留在戏里。

**28**

# BARBICAN

████

**发现虚掩着的美好**

　　朋友说，除了牛津街那个繁华热闹的伦敦、《孤独星球》上那个吃喝玩乐的伦敦，还有另一个隐秘的、充满活力的伦敦，而伦敦的当代艺术也是世界上首屈一指的。于是，我带着一点膜拜和猎奇的心理来到了巴比肯。

　　巴比肯艺术中心位于伦敦市中心的北部。整个建筑看上去就像影片里那个奇幻诡异的大都会( Metropolis )，活脱脱的科幻片场景。在伦敦，通常，人们会把它分为西区和东区，西区住着中产阶级和富人，而东区则相对贫穷，住着一群有创意的年轻人，它像是两种文化的混合。

巴比肯艺术中心其实是由多栋彼此关联的房子组合而成的。在艺术中心一层的展览区介绍了这些建筑的历史，20 世纪 50 年代之前，这里是给穷人住的社会住宅，直到建筑师把这里逐一改造，除了保留高层和多层居住用房外，其他场所还包括学校、博物馆、青年会设施、消防站、诊所、音乐学院、图书馆、美术馆和大型表演艺术场地，于是这个大型的建筑群落便成为了今天欧洲最著名的巴比肯艺术中心。

这些建筑看起来并不像那些粉刷平整的精致的现代房子，反而像是刻意不修边幅的钢筋混凝土，给人一种毛糙、沉重、粗犷的感觉，同时又有着一种手工匠人式样的怀旧感，且极具有力量。它几乎提供了所有

的娱乐和文化需求，有自助餐餐厅，有咖啡厅，甚至还有马丁尼酒吧。端杯马丁尼，俯瞰下面空旷的广场，人们随意地坐在水池边上，有的在聊天，有的在看书，还有的抱着电脑就着鸡尾酒在工作。就在距离人们几十米外的建筑里，许多艺术展览和音乐现场活动也正在进行，它们彼此毫不打扰。

从三楼的展厅窗户往下望，我看到一对老人家，他们手拉手，就这样静静地坐在水池边的椅子上，看着不远处的高楼。这种安详宁静的相处打动了我，让我想起了我的爷爷奶奶。小时候，由于父母要上班，爷爷奶奶照顾我的时间很多，他们总是很宠爱我。我记得有一次在街上看到一个乞丐，他身上脏兮兮的，穿着破衣裳，头发也乱糟糟的，瘦弱的样子一看就知是营养不良。我觉得很难过，就飞奔回爷爷家，伸手就问爷爷要钱，爷爷一边问我要干什么，一边掏出 10 块钱给我。到最后，他跟着我出门发现我把钱给了乞丐，还笑着夸奖我。

与爷爷奶奶在一起的童年是我最快乐的时光之一，那时候，什么烦恼也没有。到了吃年夜饭的时候，总是一大家人坐到一起。每次，我都会提前准备好新年致辞，"祝爷爷奶奶福如东海，寿比南山"，当我大声说出这些话的时候，爷爷总是最开心的，他会哈哈大笑夸我聪明，还会塞给我大大的红包。但现在，由于拍戏的关系，我已经很久没有见到他们了。虽然远在伦敦的巴比肯，但此刻我很想念他们，他们安稳忠贞的感情也深深地影响了我的家庭观，照顾家人永远是我认为最重要的事情。回想刚开始演艺事业的时候，并没有什么商业价值的我，往往只能通过跑电视通告挣些家用补贴，但我依然从那份微薄收入中硬生生地挤了一笔钱出来，给父母在老家买了一套房子，还给爸爸购置了一辆新车。对于我来说，那套房子的存在价值比一个最佳、最受欢迎的奖杯更具意义。父母虽然嘴上一直在说我根本没必要给本来就有住宅的他们买房，但他们眼睛里迸射出来的喜悦光芒，我可是一丝都没有错过。踏入演艺圈，父母最担心的就是孩子迷途，而我好像除了执着于攒钱寄给他们，也并没有其他特殊嗜好，着实让他们放心极了。更让他们放心的是，根本都不用他们督促，年纪轻轻我便天天嚷着想要结婚。有时候我都觉得自己老派得不像个"90后"，怪不得笨到经常在网络上惹祸。

巴比肯迷人的氛围打动了我。在这些形状张扬钝重的建筑丛林中，随意爬上一级楼梯，或者在它错综复杂的内部拐入另一楼梯，进入你眼帘的就是完全不同的高楼的另一面、另一个花园、另一条过道。这里就像一座建筑迷宫，我甚至还在七拐八拐的迷途中路过了一个秘密花园，那是一个巨大的玻璃房子，里面种满了绿油油的热带植物，硕大的芭蕉叶、棕榈叶紧紧地挨在一起。房门是紧闭着的，无法进入，也不知道是谁在这里为自己建立了如此巨大的一个后花园。它看起来如此狂野不羁，可与周围的建筑气质倒是很搭。绕了好几圈最终回到广场上，坐在木头椅子上，左手边是粗犷笨重的建筑，右手边则是平静的水池，微风吹起些许褶皱，一切似乎又回归了宁静。

　　但它最吸引我的，却并不是这里的文化艺术氛围，也不是这些让我喜欢的建筑，而是当人们来到这里享受艺术和文化的时候，原本就居住在这里的住户并未受到打扰，他们就住在与艺术中心连接的两旁高高的那几栋楼里，仍然在过着自己的平凡生活。因此，当你在享受艺术的时候，并不会觉得与世隔绝，或者说这仅仅是一个小众的圈子，因为这里也充满了当地生活的气息。

　　在巴比肯，你能看到它重生的活力，也能看到它几十年来一如既往的日常。它既让喜爱艺术和文化的人们来到这里，同时，也并不排斥不热爱艺术，只想要有个舒适的空间休憩聊天的人们。我想，这是我喜欢它的原因。它的包容，似乎让每个来到这里的人都能找到属于自己的一个小小的精神角落。

　　下午的时候，我的一个在伦敦当地读书的朋友说要带我去另一个他发现的伦敦的秘密场所，他圆圆的眼镜后面流露出一丝神秘的色彩，让我对那里也期待起来。我们驱车从巴比肯出发，绕了几乎整个伦敦城，从北到南，才来到一栋外表看起来很不起眼的房子门口。

　　门是虚掩的。推开老旧而沉重的木门，进去后发现，它是个三层小楼。房主是位女士，金发，微胖，看起来和蔼可亲，她从后院走过来欢迎我们，带着我们参观这栋古老建筑。

　　她告诉我，这栋房子是 19 世纪一对双胞胎兄弟的房子，从前，他们算是殷实的有钱家庭，有自己的用人。后来家道中落，这栋房子几经辗转，流落到现在这位女士手中。她刻意保留了当年这栋房子的经典室内风格，除此以外，屋里的设施和家具都是从附近的旧货市场上淘回来的。这里尽管保留了维多利亚式的繁复，但也有现代家具的简洁风格。

　　我就坐在屋子里的老式沙发上，看着百叶窗外面的伦敦，路上偶尔有人经过。朋友说，这里是犹太人的居住区域，很容易分辨谁是犹太人，

因为他们仍然保留着犹太人的传统装扮和服饰，两边的头发各有一缕刻意卷曲着，而其他的头发则束在背后，戴着高高的黑色礼帽，穿黑色长套装和白色打底衬衫，有时候他们手里还会拿一根手杖。在这栋颓废破败的房子里坐到了夕阳西下，晚霞透过百叶窗映照在我的脸上，像是许多的影子和梦。多希望时光就停留在此刻，我望着头顶那盏已经有些生锈的水晶灯，它像要跟我诉说这里的历史。我猜测，孪生兄弟也许一生都居住于此，他们就像彼此的镜子，照着对方，同时，也从对方身上看到自己的影子。

就在伦敦城这栋破旧的郊区房屋中，透过镜子，我想起了那对百年前出生的孪生兄弟，同时，在墙上那面斑驳的铜镜中，我似乎也看到了另一个姜潮。他的样子，逐渐在镜子中变得清晰起来，他渴望安稳的生活、温暖的家庭，一生一世都与身边人住在属于自己的房子里，百年之后，再把这个房子传给一个和他很像的孩子。世界再大，拥有这么一片天地便真心足够了。

我们终将
与自己相遇

# KEEP CALM

# &

# LOVE LONDON

██████

## 理智与情感

　　伦敦城里到处都是弯弯曲曲的小路。如果沿着牛津街出发，一路往摄政街走，两边 18 世纪的古典建筑够你仔仔细细看个饱。这里的房子和房子之间是相连的，不像在中国，建筑与建筑之间的空隙比较宽，这里的房子看起来就像是由一些小街道串连起来的一整栋房子。路两旁的房子中间有草地，有小巷，而不小心拐入任何一条小巷，你就会迷失在英伦这片古老的异域之中。而只有回到牛津街，那些透明玻璃窗的购物商店、路上拥堵的汽车和喇叭声才会提醒你，这是一个现代的伦敦，它还保留着昔日日不落帝国的辉煌。这里永远是最繁华热闹的场所，就好

# 42

像全世界的购物达人都从四面八方赶来，汇聚到了这里一样。他们都穿得比较随意，却又不失时尚。此刻白天的气温只有不到 20 摄氏度，他们有的穿羽绒服，有的穿长款风衣，有的穿黑色流苏皮夹克，有的则只穿简单的短袖 T 恤。

这里行走着各国人，有中国人、日本人、印度人，也有美国人，他们大多数人的脸上都没有身处异国的紧张感，而是一种天然就属于这里的怡然自得。我看到人们脸上的表情都是舒适惬意的，相信哪怕是世界末日到来，也不会影响到他们对购物的狂热和好心情。就连我失手把自己手里那杯刚从星巴克端出来的咖啡洒到了身上，他们似乎仍然专注在自己的谈话和购物中，没有人想要回头看我一眼，也没有人觉得这有什么不妥，他们的脸上有着一个古老帝国的人民早早就见过世面的处变不惊。在这种悠闲的环境中，我也变得不那么急躁起来，慢悠悠跑去吧台拿纸巾。我忽然想起，早上路过一家卖旅游纪念品的杂货铺，那是一家以贩卖米字旗挂饰、米字旗箱包、米字旗 T 恤衫等各种米字旗产品为主的小商铺，尤为有趣的是，门口挂着的一件 T 恤衫上这样写着：Keep Calm and Love London（保持冷静，去爱伦敦）。这恰好适合我此刻的心情，我笑了笑跟自己说："这里可是伦敦。"于是，对弄脏的衣服也不以为意了。

虽然牛津街只是一条不到 2 公里的街道，但却聚集了超过 300 家的世界品牌店和大型商场，世界品牌如耐克城、Topshop、Gap 和

H&M 的大型旗舰店就坐落于此，Zara、MNG、Kookai、Next、无印良品等等都在这条街上。当然，还有英国人最爱的玛莎百货（Marks & Spencer）。

　　路过克林顿曾经签名售书的英国连锁书店 Waterstone's 的时候，发现身边多了几个穿着打扮入时的年轻人，看起来像是专门来伦敦购物的外国人，手里拎着黄色的有 Selfridges（塞尔福里奇）字样的袋子。想起来伦敦人最喜欢的塞尔福里奇百货公司也在这附近，就跟着谷歌地图穿过错乱的两条巷子，找到了这家伦敦的老牌百货店。这里聚集了好多顶级的国际名牌，服务员都统一着装，长得漂亮，打扮入时，即使只是随便逛逛，她们也会微笑着问你需要什么，如果你说随便逛逛，她们便会识趣地不再打扰你，而是就站在你能看到她们的地方，跟你说需要

的时候可以随时找她们。这种服务让人感觉周到却又不过分。其实奋斗了这些年，我虽然没有攒下传世佳作，却有幸积攒了不少特殊的朋友，他们也经常这样，时时刻刻在我身边不远的距离，密切地关心着我。与百货店里职员不同的是，他们从不向我索求什么，反而常常为我费心费力。这些朋友被媒体称为"粉丝"，而我更想称他们为"知音"，毕竟，如果不是知音的话，谁会喜欢我这个双商为负数，经常惹得朋友牵肠挂肚的傻子呢？也只有知音会这么无条件地对我好了。一旦我有些新的通告和小的成绩，他们便自发在网上组织宣传、发布信息，恨不得"以一己之力而告知天下人"，有时候我都感到愧疚，如果我的表演不尽如人意，岂不是要连累他们被黑粉攻击？所以，每当看到他们在评论区和别人吵架的时候，我都极其难过自责：姜潮，难道你就不能做得更好一些，让这些支持你的人更自豪吗？

# 46

　　在某个街道的拐角处，我发现一家音响店，不由自主地就走了进去。店主是个时髦的伦敦青年，穿着 Polo 衫和白色九分裤，简单干净却又不失时尚。店里的音响有新科技的类型，也有老式的立体声，竖着大大的喇叭，当然也有像丹麦品牌 Bang&Olufsen 这样的很有未来设计感的音响。店主很热情地给我放起了英伦摇滚乐，自己则抱着把电吉他，自顾自地在旁边跟着音乐弹起来。

　　在那满屋子飘荡的音乐声中，我忽然想起了 8090 的那段时光。那时，几个哥们儿整天整天地待在一起。白天，我们一起去练歌、练舞；晚上，一起回宿舍休息。有时候半夜饿了，煮个泡面，正好碰上电视里在播世界杯，于是几个人坐在一起吃泡面看球赛。那时的生活比起现在来说很清贫，但每个人都有着对未来无尽的期许、憧憬。那时，偶尔会去电视台参加节目录制，知道我们的粉丝也不多，可就是会有人从很远的地方赶来看我们，而我们都非常珍惜这种感觉。

　　虽然如今我已经很少发唱片做音乐了，但音乐仍然是我的爱好。而 8090 那个时期的哥们儿也永远是我最美好的青春记忆，直到如今，我们仍然是拔刀相助的好朋友。我看着眼前这一排排的音响和那位吉他青年，我决定把这个又沉又笨重的音响搬回国，我想只要有它待在我的屋子里，就会时时提醒我那段快乐的时光，以及音乐始终是一个隐秘的梦想和另一个我内心里的姜潮希望自己去过的一种人生。

从牛津广场一路往前走就到了曲曲折折的摄政街。伦敦最大的博柏利店就在拐角处，每件风衣都合身得像是长在塑胶模特的身上，他们就这样站在橱窗里，用一种伦敦特有的优雅和帅气，吸引着过路人的目光。

摄政街和牛津街的风格不太一样，这里给我更英伦的感觉，利巴提、哈姆雷兹等许多商店都是很英伦绅士风范的，附近的沙威尔劳还有好多高级西装店。朋友说是因为这个地区在 19 世纪的时候是皇亲国戚及上流社会的购物街，现在虽然光芒减退，但仍然是老英国的活动地区，你在这里可以观察到路上的行人或者店铺里消费者的身上还保留着属于上一代英国人的那种优雅气质。

这里还有我最喜欢的英国传统百货公司利伯提（Liberty）。这是一家老牌百货公司，它成立于 1875 年，最初是为了销售日本和其他东方国家的艺术工艺品。19 世纪 90 年代，它开始以销售唯美的商品而闻名。现在的 Liberty 建筑是 1924 年修建的，从外面看是由木头柱子和石墙砌成，黑色的木材在白色的墙壁上交叉出漂亮的外墙墙面，尖尖的屋顶、白色的围栏，是典型的都铎风格联排建筑。一走进去，满屋的香水味道、彩色的丝巾、精致的水晶灯，以及漂亮的人儿，仿佛带人回到了那个摩登时代，到处都是衣香鬓影。

顶层的家具和小产品也很有趣，我来参观的这一天正好在做一个家具的小展览，都是 100 多年前的家具。展览的介绍说从 19 世纪 50 年代开始，这场叫作工艺美术的运动开始于英国，随后席卷欧洲。工艺美术风格的桌椅有很典型的工匠风格，木头桌子雕刻出一些精致的花纹，有的上面还镶嵌着玳瑁、贝壳，其中一只盘子上是一簇盛开的花朵和一只南归的燕子，很是中国风。听说在大航海时代，中国风格在欧洲很是盛行，只有贵族和王室才有资格享用来自中国的瓷器和商品，它们是尊贵身份的象征。

从摄政街一路往西，则会走到骑士桥附近，那里有最著名的哈罗德（Harrods）百货公司。这是伦敦乃至全世界最著名的百货公司之一，至今已有超过 150 年的历史。哈罗德共七个楼层，从高端时装和配饰到最出色的家居用品和最前沿的科技设备，全是顶级的奢侈品品牌，而建筑外观却仍然维持着古典的风格。

我正打算和一起来伦敦剧组的经纪人在这里好好逛逛，却无意中提到了第二天拍摄的事情，因为我们对工作时间表安排的意见相左，聊着聊着就吵了起来。这件事让我心情很恶劣，于是便甩手离开了。

事情的起因是第二天会拍摄一场非常重要的戏，而我已经连续几天没有睡好了，于是跟经纪人商量看能否我自己承担费用搬去另一个地方住，虽然剧组安排的酒店已经非常舒适，但我还是希望去一个更安静的地方，这样才能专心地投入到拍摄中去。然而经纪人却劝我先暂时别换

住处，等找到更合适的地方再换，否则会更加影响睡眠。我想到第二天的戏十分重要就开始着急了，生怕晚上没有休息好，影响第二天的工作。

我知道经纪人也是为我好，关心我，但我仍然感到难过。此刻，我要面对的其实是那个极其脆弱的、不自信的自己。事实就是，我对自己的演技不够自信，我希望做到最好，但我还没强大到可以抵御外界的干扰，我一秒钟都不想面对这个无能的自己。

20多岁了，已经在社会上工作了不少年头，而很大一部分的我，仍然像个幼稚的孩子。学生时期，我们常常在考试前复习到12点，第二天早早到学校，有同学问起复习得怎么样的时候，总是摆摆手说，昨晚都没有做功课，一直在玩，然后却铆着劲儿地想要考好。现在的自己与那时的自己没有什么区别，我常常是通宵看剧本，第二天却要在导演面前装作并没有认真看过一样。我希望他们认为我就是那种天赋异禀的演员，不用付出多少努力，就可以把戏演得很好。虽然我知道所有成功的演员都绝非仅仅是依靠天赋，而是在天赋的基础上不断地努力，但我坦承，我热爱的便是那种天才般的荣耀啊。虽然我不是，但我愿意默默付出我最大的努力去成为一个天才。

*FROM*
*OXFORD STREET*
*TO*
*RIVER THAMES*

**擦肩而过的你**

　　从摄政街一路往南，经过国家美术馆门前排着长队的人们，经过了查令十字街，再继续往泰晤士河方向走，过了唐宁街10号的英国首相官邸，远远地就能听见大本钟的钟声。大本钟与威斯敏斯特宫是伦敦最让人叹为观止的哥特式建筑，纤细繁复却又精致华美。从这里，已经可以远远地看见泰晤士河对岸的伦敦眼。走到威斯敏斯特桥中间，我放慢了脚步，像身边所有的游客一样，拿出手机，自拍一张，露出牙齿，比个剪刀手，露出发自内心的开心的笑容。

在泰晤士河的南岸，有许多酒吧，全球各地的游客都聚集在这里，他们在伦敦眼门前排着长队，又或者，跟此刻的我一样，找一家酒吧坐下，在二楼的露天阳台上喝着清新的莫吉托鸡尾酒，望着夕阳下的泰晤士河。伦敦眼还在缓慢地旋转，泰晤士河上不时有游轮经过，有可爱的游客对着岸上的人们大声招呼"Hi"，岸上的人们以同样的热情回应着，对着游轮上的人们拼命摇摆着自己的双臂。我想象，在这样的落日余晖之中，在河水的缓慢流淌中，在这些喧闹的人群里，也许有无数的爱情故事曾经在这里发生，他们也许来自不同的国家，只因为在桥上擦肩而过就此相识，后来他们分开，回到了自己的国家，那一天的伦敦相遇则成了彼此一生的思念；又或许，他们来自同一个国家，然后相识于旅途中，最后相爱走到了一起。没有人知道这些爱情是如何发生的，其间又有过多少让人心碎又动人的故事，只有那持续流淌的河水、对岸永远不知疲倦

的钟声，见证了这一切。

　　此时，我忽然看到酒吧楼下一个熟悉的身影，居然是我的经纪人。他走到楼上来，跟我说已经找到了另一个安静的住所。我感激地用力拥抱了他一下，为我方才的冲动向他致歉，并且跟他说明了我希望搬出去的缘由。他这才知道我是在为明天的戏焦虑，一路跟我一起设想明天的拍戏场景，我们就这样恢复了战友情谊，又一路聊着回到酒店。作为一个时而任性的人，还能得到经纪人的包容理解，我又是何等地幸运。

　　我开始整理东西，准备搬去另一个住所。每件衬衫、每条裤子、每双袜子都要分门别类叠得整整齐齐，所有的小物件也都要装进盒子里。经纪人想要帮忙，我跟他说，整理自己的衣物，让它们一件件地按照空

间规划放好，有利于搬到下一个房子的时候，能够不费事地拿出来。而且，在临走前，要把地拖干净，垃圾带走，这样好方便下一位房客。经纪人惊讶地说："平时看你处理一个小小的人际关系那么笨，真没想到在生活上你还有这一面，简直是强迫症般的整齐啊。"

是吗？没想到就这么寻常的事情，我也会有让人吃惊、夸赞的时候呢。"被打压"久了，偶尔受到表扬，还真是受宠若惊。

64

味蕾知道我爱你

对于我的中国胃来说，中国城是它在伦敦最喜欢的地方之一，它好像更适应这里。这里最多的店铺还是广式点心店，但事实上每家店也都混合了一些其他菜系。这里的每家中餐馆都出售一种酸辣汤，其实就是酱油、醋加豆腐、肉末一起煮出来，放了胡椒粉的黏稠汤，外国人在中餐馆很喜欢点这道汤，但事实上，它并非是地道的中国菜，而是经过了改良的。不过这并不打紧，毕竟，当你喝到那口热汤的时候，想到的都是千里之外的家乡。这也许就是乡愁吧。要不是剧组生活太

紧张，我还真想天天给自己做一日三餐，烹饪是我结婚成家之后的第一大志愿（偷笑），我的厨艺也不是盖的。

在我的积极努力下，在中国城发掘了几家好吃的餐厅。有家旋转火锅店，有个有趣的中文名叫"爽爽"，它有点像是国内的快餐火锅店和回转寿司店的结合，每个人一个小锅汤底，面前不同种类的菜旋转而过，像是中国版的回转寿司，只不过换成了火锅。

就在这家店的对面，是著名的女王剧院。女王剧院正在上演一部经典歌剧《悲惨世界》。大幅的海报上，是那个著名的有着一双单纯到谁都会怜悯的眼睛的女孩，黑白图让她那双大眼睛愈发明亮。再过去一个十字路口，便是小孩子们的天堂，那里有 m&m's 豆做的各种

玩具，白天的时候，能听到小孩们的尖叫吵闹声。就在 m&m's 店门口，经常会有一些卖艺的人。他们给围观的行人变魔术，就是把一个东西放在小朋友的手里，突然又变没了的那种把戏。有时候还有些年轻的卖艺人，他们放着 Hip Hop 和说唱音乐，跳起舞来，时不时还来上一段斗舞和 Beatbox，很帅气。

我在中国城里还发现一家正宗的韩国料理店。店里说韩语的阿姨很友好热情，我知道伦敦的物价不菲，但她仍然遵循了韩国的传统，在上主餐之前，给我们端来了好几份小菜。这里做出的烤肉饭很正宗很好吃，还有放了许多海鲜的豆腐海鲜汤也很美味。

我甚至还在中国城吃到了地道的麻辣火锅和水煮鱼。作为一个地

道的吃货，我有自己的一套验证一个西方城市是不是真正的国际化大都市的标准，那就是：那里的中国菜好不好吃。就这一点来说，伦敦完全合格！怎么说呢，一个能做出地道料理的餐馆，才证明这些人完全融入了当地的生活，而当地人也真正接纳了他们，不是吗？据说，早年间，本土伦敦人吃的食物很单调，只有炸薯条和炸鱼，但现在的伦敦早就不是那样了。他们很有可能在吃完炸薯条和炸鱼之后，再来一份咖喱饭和烤肉串。而这种在食物上的多样化选择，也正是一个城市包容性的体现，只有这样的城市才会吸引更多的人前来，才是一个真正的国际化大都市。

虽然，我们经常会在一个国际化的大都市里玩得不亦乐乎，但每每问自己到底爱它什么，脱口而出的一定是最纯正、最独特、最无法被复制的地方，尤其是那些只能存在于本土的美食。所以，味蕾知道我爱你，中国。

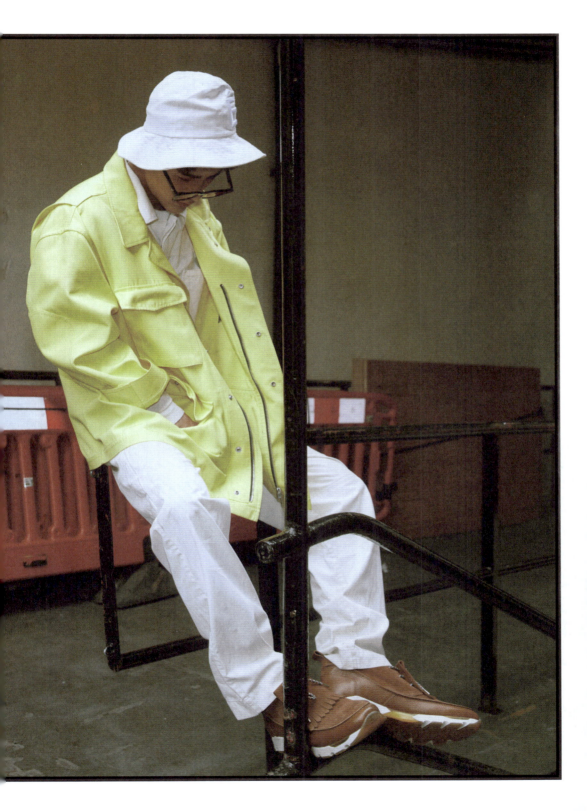

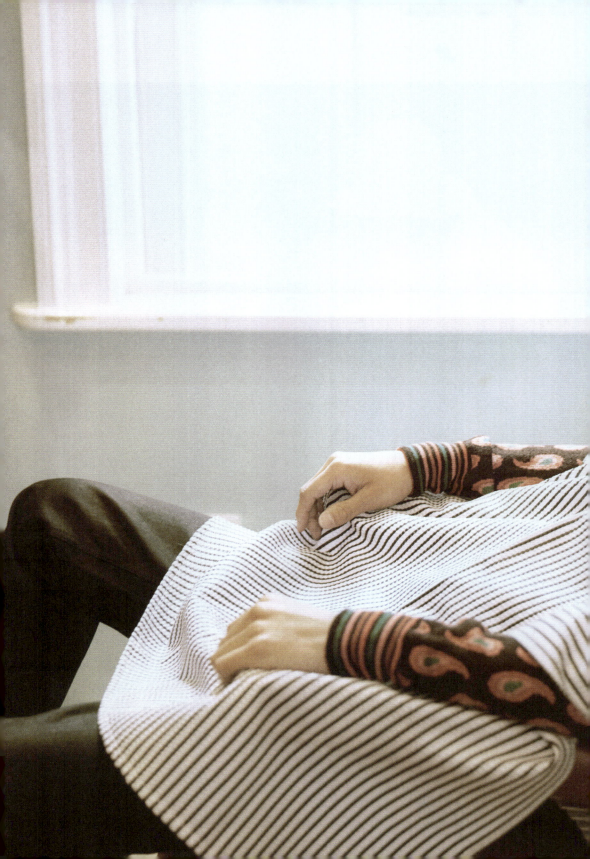

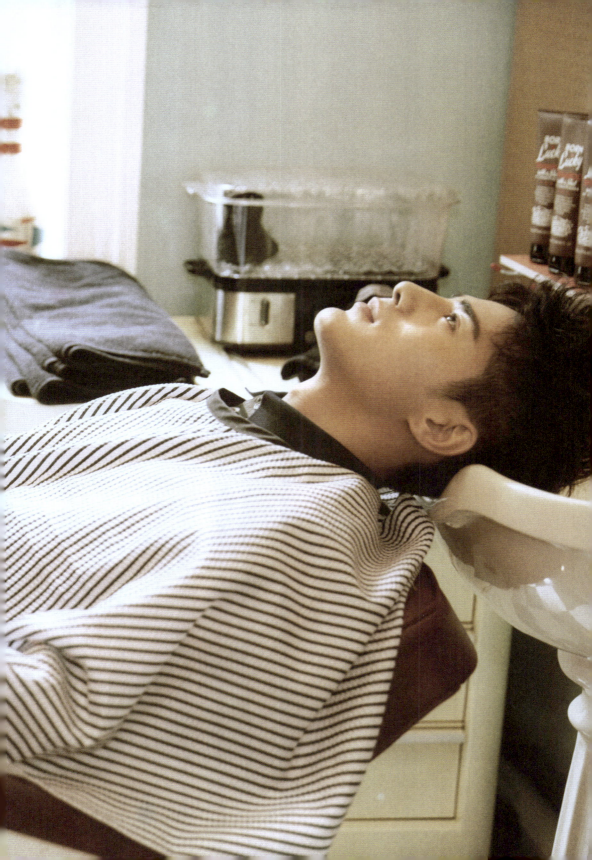

# BARBER

# SHOP

一切都要够酷

　　就在离中国城不远的 SOHO 区，我看见一家有趣的理发店，店铺很小，桌面上摆着糖果盒子，只要投币就可以取出糖果来吃。由于是上午，还没有什么顾客，于是我就走了进去，和店主攀谈起来。

　　店主是个漂亮的英国女孩，穿黑色上衣，黑色浓密的长发，浓眉大眼，身上文着酷酷的文身，十足的伦敦哥特范儿。她听说我从中国来，还好奇地问我演过的电影和电视剧，想要上网去搜我的电视剧来看。我说，我的电视剧没有英文哦。她就露出一脸失望的表情，很可爱。

她拿给我看摆放在桌子上的一本杂志，这是一本专门讲理发店的独立杂志，里面不但介绍了她的这家店铺，还介绍了伦敦其他同类型的理发店，它们通常都隐藏在某条街的小角落里，却有着精致的室内设计和不俗的品位。除此以外，还特别专业地详细介绍了各式各样的理发用具。我翻回封面的时候，发现杂志的封面女孩就是她自己，她看到我发现了这个秘密，开心又略带得意地笑了。封面上的她化着浓浓的烟熏妆，有点像我喜欢的电影《暮光之城》里的女主角克里斯汀·斯图尔特。硬朗的轮廓，却有着说不出的性感和柔美。我夸赞她美，她大方又开心地接受了。

这个理发店、这个可爱的英国女孩，都让我感受到一种伦敦精神，那就是：一切都要够酷。汉堡店要够酷，咖啡馆要够酷，服装店要够酷，理发店当然也要够酷。所有的日常生活，都是有设计感和精致审美的，在这样的环境中生活的人们是幸福的，因为他们时时刻刻都能感受到美。

# HYDE PARK

好好虚度时光

　　我还抽空去海德公园喂了一下鸽子。事实上，如果你在伦敦游玩，就很难忽视掉这个城市最著名的公园。它就位于伦敦市中心的威斯敏斯特教堂地区，是英国最大的皇家公园。这个公园被蛇形湖分为了两部分。现在正值伦敦的夏天，湖边都是躺在草地上晒太阳的人们，他们有的把衣服或者包枕在头下，戴着墨镜睡觉；有的就干脆直接坐在草地上，喝着咖啡聊天；还有那些全家出动的人，他们带来了野餐毯子，在上面摆满了面包、果酱和饮料，孩子们围着大人嬉嬉闹闹。蛇形湖里，就像后海一样，有许多人开着电动小船，男男女女，穿着鲜艳漂

亮的衣服，徜徉在湖光水色的美丽风景中。就连水上那些洁白的天鹅，也都高昂着脖子，一副惬意的样子，旁边还有野鸭成群结队地游过。我还真喜欢他们这种享受阳光、享受生活的样子。据说在战争时期，这个湖是说着暗语的特工们交换信息的地方，所以如果你跟伦敦人说，我要去海德公园的湖边了，经常会有伦敦人开玩笑地说，你是要去交换秘密信息了吗？

在海德公园里，到处都是鸽子，它们也不怕人，顶多就是在你经

过的时候，不耐烦地慢慢悠悠地挪动几下步子，像是在怪你打扰了它们原本安宁的环境。我从海德公园其中一个门口的热狗店买了一个热狗，把面包留了下来，走进公园，坐在木头长椅上。这些鸽子真是灵敏，一开始，我身边只有一只，我就把面包掰碎了，扔了一小块给它。它也许是被人喂惯了，立马飞到我身边来。紧接着，又飞来了几只，我接着掰碎面包给它们。到最后，我身边居然围了十几只鸽子，它们倒是一点都不怕生，有的甚至干脆就飞到椅子上来，恨不得来抢我手上的面包。此刻，它们就是一群小强盗，跟峨眉山的猴子有一拼。我在这里还看到了好几只大松鼠，海德公园的松鼠也不怕人，我盯着它们的时候，它们还回盯我，然后做不屑状扭头就往树上爬。

海德公园紧邻肯辛顿花园，许多人认为它也是海德公园的一部分，其实严格来说它们是两个公园。在这里经常会看到跑步的人，他们穿着运动服，胳膊上别着手机，听着音乐，大汗淋漓地绕着湖奔跑。青春活力的样子让人羡慕。我从小就是个喜欢运动的人，总是闲不住。我小时候有个很好的朋友，他的爷爷在体委工作，一放学，我就和他一起溜到体育场去游泳或跑步。那时还流行每家每户买一套家庭卡拉OK，父母唱歌时，我也闲不住，在旁边蹦蹦跳跳地跟着唱。

直到现在，我还喜欢趁拍戏的空当去踢场足球。我还和演艺圈的其他几个朋友组成了一支明星足球队，我踢前锋。有段时间，哪怕是一天下来已经很累了，但只要大家一声招呼，也要拖着疲惫的身子去

踢球。很奇怪，一换上球衣、球鞋，走到绿茵场上，就精神十足，也忘记了所有的烦恼。大家共同努力完成一件事的成就感，远比我自己达成了什么目标更重要。

海德公园现在也是人们举行各种政治集会和其他群众活动的场所，是著名的"演讲者之角"。因为这里曾是戴安娜王妃和两位王子的家，后来公园里就增设了戴安娜王妃纪念泉。听说 60 年代的时候，海德公园也是嬉皮士们喝酒、唱歌、跳舞的地方，他们头上插着一朵花，穿着波西米亚风格的裙子，倡导着爱与和平，反对战争。直到现在，你还能经常看到几个嬉皮士，头上梳着脏辫，手里攥几瓶啤酒，一副不需要关心明天有没有未来的样子，只有今天的享乐最重要。

从海德公园出门往北，1 公里外，就是著名的贝克街了。我还是个小孩子的时候，就常常听贝克街 221B（Baker Street 221B）这所房子里福尔摩斯的故事，听说他可以根据一个人小小的生活习惯，或是举

手投足，就能大致判断出你从事什么职业，做过什么事情，甚至你的家世背景。他与好朋友华生的友情，也是我喜欢听的故事。华生是一个医生，他总是在福尔摩斯先生需要帮助的时候出现，他从不张扬，总是凸显自己这位好朋友的智慧，他们俩可谓天生一对。对我来说，这样的好友也是毕生难求吧。

事实上，福尔摩斯的诞生地并不是小说和电影里说的伦敦的贝克街，而是现实中位于朴次茅斯的南海城（Southsea），著名的英国作家柯南·道尔就是在南海城创作出系列侦探小说《福尔摩斯》的。而贝克街221B在小说中被设定为夏洛克·福尔摩斯的住所及侦探事务所的地址。虽然贝克街是真实存在于伦敦城的街道，但221B却是个不存在的地址，直到1930年才成为可用地址，一开始是一家金融机构所进驻，有趣的是，公司职员常常会收到指名给福尔摩斯的信件。1990年后，现今的这个地址才被分配给福尔摩斯博物馆使用。

我并不经常坐地铁，小时候，父母担心路上不安全，都会接送我上下学。所以长大一点的时候，我对地铁这种交通工具总是充满新奇。刚到北京的那会儿，有一次去朋友家聚会，想尝试著名的北京地铁，结果坐反了方向，足足花了一个多小时才坐回来。想想也是在北京这座城市留下的啼笑皆非的回忆了。但伦敦地铁则不同，这个城市比北京小很多，而且每个地铁站的墙上都有非常明晰清楚的标志，比如贝克街站就到处都是福尔摩斯的影子，墙面上画着一个叼着烟斗、戴着高帽的福尔摩斯的侧脸。

出了贝克街地铁站，就能看见许多游客在排队，要是没有排着长长的队伍，街边商店没有挂着各种各样福尔摩斯头像的标牌，我们还真一眼看不出来那儿就是著名的贝克街221B，毕竟当初这里只是为住房而建的，不是为博物馆而建的。我去的时候，门口站着一个福尔摩斯装扮的人，我和他合了个影，他立刻摆出一副深刻思考的表情，就像马上要有一个重要的破案线索出现了一样。

进入博物馆里，略有些失望，因为它跟电影电视里不太一样，小屋黑漆漆的，楼梯也很窄。房子一共有四层，底层没有东西，只有17级的台阶。不过第一层和第二层的房间倒是按照小说中的情景来布置的，完整复制了福尔摩斯的起居室和卧室，里面有很多福尔摩斯的用品：旧烟斗、猎鹿帽、散落的实验仪器、只剩两根弦的小提琴、带黑斑的书桌等等。无论游人何时造访，都能看到门口有一个维多利亚时期的警察，上楼之后会有人介绍大体的展览情况。在三层更有一些蜡像来展示小说中的情节。据说很多名人都曾经参观过这个小小的博物馆，包括英女王。而且，如果你写信寄往这个地址，都会有专人回复信件。

# SOHO'S NIGHT

被夜晚拥抱的人

　　到了晚上，这里又是另一番样子。所有中国城的小巷，都变换了色彩，越到夜晚越散发出迷人的魅力。许多酒吧就隐藏在从这里到 SOHO 区之间的隐蔽楼层里。白天，这里只是一家家不起眼的商店，有些招牌甚至都丑丑的，可是，你并不知道那道狭窄的楼梯上面，就是另一个完全不同的空间，帅气的酒保，迷离的红色灯光，以及透明的、紫红色的、绿色的鸡尾酒，节奏感强烈的电子乐，一切都迷幻却又动人。而那些拐角处的传统英式酒吧，一到周末门口就都排起长队，人们三三两两前来，女孩大多穿着吊带连衣裙，男孩们穿着 T 恤，或者休闲套装，他们手里举着啤酒聊着天，等着进入另一个神奇的世界。

听说 SOHO 区里许多文学出版社和酒吧、餐厅都是有历史的，曾经是著名的文学家们出入的场所，《哈利·波特》的故事就是在 SOHO 广场旁边的布鲁姆斯伯里出版社出版的。从 SOHO 广场一直往南走，走到希腊街的 29 号停下，就是著名的 The Coach & Horses 酒吧。一开始我们并不知道它的名气，只是想体验一下传统的英式酒吧。坐在酒吧里，想象着从前的老英国绅士们是如何走进一间拐角处的房间，如何穿过喧闹的人群走向木头吧台，如何看着服务员通过吧台上那排啤酒阀门倒出一杯杯黄澄澄的啤酒，如何走到木头桌旁，举着大玻璃杯，喝着英式传统啤酒，望着窗外非凡的夜晚。

我后来才知道，这间酒吧颇有来历，现在则在伦敦受保护的建筑名单（Grade II listed）上。从 19 世纪 50 年代开始，这个酒吧就已经存在了，但它真正出名的原因是著名的专栏作家杰夫瑞·伯纳德。他曾为《私密的眼睛》杂志工作，而这里也是当时著名记者们聚集的场所，由于这些作家们在文章中不断提起此处，店主诺曼·巴隆也变成了一个传奇人物，他曾经被评为"伦敦最粗鲁的店主"。直到 2006 年，这家酒吧才易主，不过新主人也延续了它从前的风格，倒是没有人再叫他"粗鲁的店主"了。

　　夜晚的海德公园又是另一番景象。当人群都退去，当太阳消失在天边，当最后一抹彩霞也变得暗淡下来，鸽子和松鼠似乎也都进入了梦乡，偶尔，会从头顶的枝丫间传来几声乌鸦哇哇的叫声。而白天热闹的湖水，如今则是一片宁静，在城市灯光所照映的夜色中，你能隐约看见湖面上黑黝黝的树的影子，几只雪白的天鹅不愿意归家，还在湖面上游荡。

　　城市的白天和黑夜就像是一个人的两面，它们各不相同，却又有各自的魅力。白天像是干净、漂亮的那一面，它喜欢热闹、光明，展示的都是友好、可爱和纯真；而到了夜晚，它展示着自己内心深处的安宁、孤独和寂寞。事实上，比起白天的伦敦，我更偏好夜晚的伦敦，因为它展示了自己的秘密，而这些秘密在白天都被隐藏了起来。而夜晚也更加

包容，白天，那些乞讨者、衣衫褴褛者总是羞于暴露在阳光之下，那些嬉皮士会被旁人投来异样的眼光，可是在夜晚，他们就可以大大方方地走在街上，仿佛夜晚是属于他们的。

伦敦还有许多鼎鼎有名的博物馆，比如大英博物馆、维多利亚和阿尔伯特博物馆、泰特现代美术馆等，但时间有限，就只能留到下次了。

2

NU

N

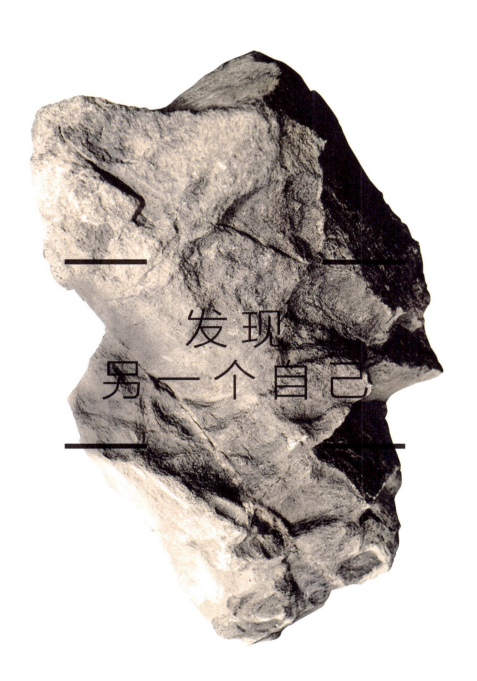

发现
另一个自己

# CORNWALL
# BEACH

## 海水、阳光、沙滩和我

　　早上 6 点，天已大亮，我们从伦敦帕丁顿车站出发，一路往西，前往康沃尔郡的特鲁罗。在火车站，一列列蓝色车身、橙色车头的火车穿行而过，一位坐轮椅的老奶奶从车厢下来，轮子有些卡住了。我赶忙走过去帮她推轮椅，她回过头对着我微笑示意，那一刻我感到颇为自豪，助人的快乐仅仅来自于一个微笑。

帕丁顿车站历史悠久，它位于伦敦的帕丁顿地区，是国家铁路局与伦敦地铁的铁路车站，自从 1838 年就是大西部铁路（Great Western Railway）在伦敦的终点站。现在许多主线上的车站都是由当时的著名设计师伊桑巴德·金德姆·布鲁内尔所设计的，历史可以追溯到 1854 年。帕丁顿站从 1863 年就开始了伦敦地铁的服务，也是大都会铁路西边的终点站。看着头顶上的钢铁拱廊，以及那些几经修葺改造后的柱子，想到这个车站存在了 160 多年，会觉得十分神奇，火车这种交通工具居然已经存在了这么多年，而我们到现在都还离不开它。据说刚出现火车这种交通工具的时候，只有英国上流社会的人士才能坐得起。想到这些，你会发现，如今我们这些平民居然也能坐着火车四处看看了，真算是社会一个巨大的进步。

在这里，分享一下怎么买火车票。英国的火车票分为四类。Anytime，顾名思义，就是任何时候的车你都能坐，这类票的好处就是非常方便，但价格自然也是最高的。除非有急事，一般不建议选择这类票。Off-peak 旗下有三种票，分别是 Off-peak Single（单程票）、Off-peak Day Return（当天往返票）和 Off-peak Return（一个月有效的）。一般来说，买往返票价格上会更加优惠一些。Off-peak 的时间段每条火车线路规定不一样，所以买的时候要注意看一下时间。Advance，通常如果可以提前在网上订票的话，会遇到这种特价票。它的价格有的时候会比 Off-peak 还便宜，但缺点是乘车时间是固定的，错过就不能用了。最后一种是 Super off-peak，这种票最便宜但要求最多，非常不灵活，

也不太建议买。英国的火车车厢很干净，环境也好，通常一个车厢都坐不满人，车上还有无线信号，椅子也很舒服，所以久坐也不会太累。

英国的天气让人捉摸不定。早上还刮着风，阴郁而低沉的天空，到了八九点的时候，突然就阳光普照。尽管如此，住在英国的朋友们都说，这是伦敦最好的时节。

康沃尔位于英格兰岛的最西南端，北纬 50 度，如果放在亚洲，它的纬度相当于蒙古国和俄罗斯的边境线附近。这里年平均温度在 14 摄氏度左右，因此，6 月份，这个最好的时节，温度达到 20 摄氏度以上。人们开始结伴去康沃尔的海滩上，享受阳光和海水。

一路上，窗外的风景宜人。大西洋暖流带来了潮湿温暖的海洋性气候，因此，这里的植被也多样，有开满紫色和黄色小野花的草原，还有近处大片的阔叶林，树木被藤蔓缠绕，铁轨旁边是茂密的灌木丛，远处的山峰上还有高耸的针叶森林。

时而看到黑白相间的花奶牛躺在草地上，慵懒地晒着太阳；时而是一群不慌不忙的羊群，分散在草地上，不远处站着一只牧羊犬，距离它们几百米的地方就有一个木头做的羊圈，没有人看着它们，除了那只可爱的牧羊犬。这些可爱的动物让我想起了动画片《小羊肖恩》，它们会不会也趁主人不在家，玩起调皮的游戏呢？

　　火车在中途路过一个名叫圣戴维斯的小镇，站台上，一对情侣相互依偎着，一位妈妈带着她两个穿条纹连衣裙、金色鬈发的女儿，一个染红发、穿着鼻环的微胖酷女孩冷漠地看着火车上的乘客们。

　　沿途有长长的河流，在灌木丛和草原中间流过，时而有几艘船屋停在小河上，它们通常是由棕黑色的木头制成，从四个涂了白漆的舷窗还可以瞥见里面摆放着的茶壶。河流很窄，几乎只能容下一艘船的宽度，最宽的地方也不过才五六米。过了圣戴维斯，就能看见一片片宽阔的内陆河床，一艘艘单桅帆船搁浅在河床上，有的年代已久，已经生满了锈，桅杆也已经腐烂。一只海鸟落在桅杆上，在清晨的日光下显出破败的景

象。岸边上，涂成克莱因蓝的小船就这样躺在棕褐色的沙滩上，分外耀眼，小船的四周散落着球状漂浮标。远处，是长长的混凝土石板桥，山脚下，躺着一个个的村庄。

从火车的另一边车窗望去，则是完全不同的景象，蜿蜒的海岸线，海浪拍打着沙滩，几只白色的长嘴海鸟低低地盘旋在海面上空。正是节假日，情侣们、带着狗的一家三口，赤着脚在沙滩上奔跑。离特鲁罗较近的小镇叫 Slatash，就建在河床岸边的山坡上，灰色斜屋顶的小屋一排排沿着山坡而建，我想，那些可爱的情侣与小家庭们大概就来自这里吧。

**124**

　　到达特鲁罗的时候是正午 12 点，阳光正烈。城市广场上坐着边晒太阳边喝啤酒，还吃着薯条的人们。听说每年 8 月份的最后一个周六，在这个广场上会有盛大的同性恋者游行，而事实上，人们也把它当作另一种狂欢。我们入住的曼宁酒店就在广场旁边的柠檬街上，接待我们的是位和蔼的中年妇女。我打开房间的窗户，看见白色的海鸟站在屋顶上，发出咕咕咕的声音。

　　据说特鲁罗是整个康沃尔郡唯一的城市，大概 18000 人住在这里。这个城市有四座教堂，分别叫圣玛丽、圣约翰、圣乔治、圣保罗，都是典型的天主教堂名称。夏天的时候，附近小镇的居民也会驱车前来，享受这里的阳光沙滩。

　　下午的时候，一位胖胖的穿蓝色短袖衬衫的中年司机如约来到酒店门口，带我去北边的海滩。随车开出了特鲁罗城区，我们一路穿行，楼房逐渐消失，绿油油的森林渐渐层次丰富地出现在眼前，宽阔的马路也随之变得越来越窄。我们开始在山路上盘旋，狭窄的小路两旁是大片的草原，开满了不知名的野花。终于到了目的地，那是在两座悬崖之间的一片开阔海域。沙滩上有人裸着上身晒日光浴；有人在岩石与浅滩之间嬉戏；有的支起了阳伞，带来了躺椅，一家三口其乐融融地坐在下面享受快乐时光。

　　不过这里的岩石和沙滩和我想象的不一样，我想象中的沙滩应该略

为荒凉，就只有我和几个朋友，还有海那边的落日，以及近处传来的大海的涛声。我从小就喜欢大海，最向往的就是和几个朋友一起躺在沙滩上聊天晒太阳。而这里对我来说，有些过于热闹了。看我脸上露出点儿失望的表情，蓝衬衫司机很和蔼地告诉我不用担心，他会带我去一个更好的地方。于是，经过另一条小道，我们到达了 Chapel Porth。

在一片草地的远处，我们看到了一片废墟，在这些废弃的砖块背后，则是一片苍茫的大海。司机说，这里就是 Chapel Porth 了。它曾经是锡矿山，因此，这里原先是一个炼锡矿的工厂，而就在这片废墟的后面，那堵粗糙石墙的旁边，仍然矗立着一个烟囱的地方曾经是发动机房。走到断壁残垣边上，才发现这是一片海边悬崖，沿着小路往下走，就能走到靠海最近的地方。往下望去，蓝绿色的海水翻出层层白浪，海鸟在海面捕食，然后逐渐旋转飞高。我在苔藓和灌木丛中沿着土路往下走的时候，听司机介绍说这栋小发动机房建于 1872 年，那时，这里的人们用它来抽水，如今它早已被人们遗忘了。蓝衬衫司机感慨地抚摸着那些破碎的砖墙，说："你能想象吗，这些还是维多利亚女王时期的呢。"

我看着这一片广袤的海洋，听司机继续说着康沃尔的历史，我觉得他太厉害了，竟知道这么多的文化历史。他说莎士比亚在他的戏剧《李尔王》中，就塑造了一个康沃尔公爵的角色；他还说起英国当代小说家伊恩·麦克尤恩曾经写过一本书叫《在切瑟尔海滩上》，在他的故事里，一对年轻男女直到新婚夜才开始彼此真正认识。我很好奇，莎士比亚是不是也曾从这片海域获得过灵感？麦克尤恩是否也是在走在英格兰海岸线上的某一个时刻，突然认识到人生的荒谬之处？不管怎样，历史是公正的，它扫荡一切，却不留下任何痕迹。只有这片水域、这些残砖断瓦，还在讲述着过去的故事。

悬崖上的野花随风摇曳，海风吹着我的头发，身上的衬衫被风吹鼓了，呼呼作响。头上有海鸟在盘旋，它们忽上忽下，在悬崖上空和海面上来回游荡。我走到一处高耸的面朝大海的岩石上坐下，岩石下面则是刚才路过的海滩，那里仍然有许多人在游水嬉戏。现在，他们看起来像是一群泡在水里的小蚂蚁。我站在岩石上看着他们无忧无虑地和家人朋友在一起的快乐场景，我真想加入他们。我想起了我的家人、我的朋友，此刻他们要是在身边我会更加幸福的。

回到车上，蓝衬衫司机说带我回到刚才的海滩，现在正是人们收拾东西回家的时候，不再像刚才那么人山人海了，正适合我前往。我开心地答应了。穿着拖鞋走在沙滩上的时候，一位爸爸抱着他刚出生的儿子向我走来，他问我是不是韩国人，因为他曾经和他的妻子在韩国生活过。估计是在这个南方小城里很少见到中国人的缘故,他对我格外亲切热情。另一对父子在沙滩上打着板球，球飞到很远的地方，小男孩尖叫起来，爸爸则哈哈大笑。还有三个男孩在踢足球，让我想起小时候和小伙伴一起踢足球的快乐时光。

就在一块长满苔藓的滑溜溜的岩石旁，还有一个十四五岁的小男孩支着一部相机在认真地对着这块岩石拍照，他专注的表情吸引了我。我问他在拍什么，他说他在拍时间线，就是在夕阳西下的时候对着这些岩石，隔一段时间挪动一下相机，拍一张照片，这样的话，最后所有照片合起来就记录了夕阳西下时岩石的样子。他给我看那些照片，一张又一张，太阳照射在岩石上先是淡黄色，然后是金黄色，青苔上投射着光。他说时间本来是看不见的，可如果是这样，它就可以被人看见了。我有些感动，我们太多人并不懂得时间的可贵，在人生的最后仍抱有遗憾——突然发现时间就这样消失了，却还没弄明白怎么回事。可是，此刻，当下的每个瞬间，难道不是最珍贵的吗？我问他还要在这里待多久，他笑着说，要待很久很久。我衷心地笑着祝他好运，随后在夕阳的余晖中离开了海滩。

136

# KILLA GORDEN

## 爱你一生

　　早上海鸟在咕咕咕叫的时候，我爬了起来。此时，清晨的阳光正好洒在我的窗户上。我今天想去特鲁罗周围的乡村看看，在简·奥斯汀的小说和之后改编的电影《傲慢与偏见》里，有对乡村和庄园很动人的描述，我想去看看英格兰的田园风光。

　　今天开车的司机是一个胖胖的年轻人，看起来 30 岁上下，两个脸

蛋红扑扑的，他叫克里斯，他带着我们一起去了位于特鲁罗附近的居住区。这个居住区只有非常稀疏的几个独栋二层小楼，散落在森林和小溪流之间。这里安静得能听见森林里小鸟的叫声，以及溪水哗啦啦的流淌声。树木很高很直，高到遮蔽了天空，森林更显得幽静了。远处来了一个金发碧眼的年轻人，他从特鲁罗开车过来，带着他毛发顺滑的黑色大狗。大狗一溜烟跑到了山上，他则拿着狗带在后面悠闲地跟着。还有一位老爷爷，我路过他那红色斜屋顶、白色墙壁的房子门口时，他在家里侍弄花草，听到人声，他抬起头来看了我一眼，接着又低下头，仿佛他的花草是全世界最重要的事情。走在森林中，路边长满了紫色、白色、

142

黄色的小花朵，有人把地上的枯木架起来，像是在玩一种游戏，又像是某种仪式，让人不禁想起美剧《真探》里那个神秘的黄袍国王以及他恐怖的森林仪式。除此之外，便是风的声音，高处的树叶摇摇晃晃，而风吹树叶的声音就像是从过去传来，沙沙沙的，像电影《刺客聂隐娘》里的配音。电影里的舒淇走在树林里，拿着剑，穿着硬挺的武士装，是我想象中的那种江湖杀手或者侠客的形象，行侠仗义，浪迹天涯。

从森林回特鲁罗城区的路上，我们在路边看见一个叫作 KILLAGORDEN 的农场。此时正是农闲的季节，我们看见一个小小的牛棚，门口有一条长凳，凳子上堆着草垛，旁边还放着成袋的木头柴火。在牛棚里，则是几头黑白相间的奶牛。一个胖乎乎的小男孩和他的爷爷一起向我们走过来，他们提着农具，穿着雨靴，身上有刚干完农活的汗渍和草屑，但脸上的神情舒适又满足。

老爷爷的家就在不远处，穿过一片田野，在田野中央那棵看起来孤独又强壮的大树那里向左转，就是他们宽敞的院子了。一位老奶奶笑着向我走来，她是爷爷的老伴，她说她爱她的农场，自从她和爷爷 70 年前结婚就开始住在这里了，从没搬走过。那个胖乎乎的小男孩是她的孙子，他还有一个孪生兄弟，可惜此刻不在。我跟奶奶说，我也喜欢你的农场。

其实我没有告诉她的是，我喜欢的是那种和相爱的人在一起待在一

个地方一辈子的感觉。于我而言，爱情就意味着专一和长久，否则两个人根本没有相爱的意义。所以，我的霸道也是基于保护对方，从而设置了一些双向约束。我坚信只要是真爱，就可以让两个人相伴一生，比起不断寻找新鲜的刺激，我更沉迷于这种高于一切艺术价值的感情存在，因为这是灵魂的艺术。不过，有时候也因为我过于强硬，让身边的人受了不少委屈，这点，我是必须承认的，也很感激对方不断包容我，也令我想保护她更多更久。

　　农场主夫妇相爱了一生，也陪伴了彼此一生。然后，他们有了子孙，而且也出生在这片他们年轻时就经营的农场上。我想起了我的父母，他们也是这样，在安徽那个城市里住了一辈子，有自己的工作、生活和朋友。

　　我望着房子后面那片田野，微风吹拂的时候，绿色的麦浪翻滚，那棵树
发出了沙沙声，也许它在和麦浪说话，和整片田野对话。我低下头跟奶
奶说，我也喜欢那片麦田。

　　老奶奶让我想起了我的老祖母。她是我妈妈的外婆，很小的时候，
她总是喜欢塞给我一颗糖果，又或者是把我抱在怀里。可是在我初一的
那一年，她去世了。那时，我刚明白死亡是怎么回事，是如何永远地离
开。那时，妈妈给我报了一个课外写作班。老祖母的离开让我难过极了，
我在写作班上写了一篇作文，我至今还记得：

　　"我讨厌冬天。白色的冬天，白色的大褂，白色的房间。那张熟悉的脸我却再也见不到了。曾经当我冷的时候，她会给我搓手，太温暖了，像棉被一样……"

现在，我长大了，我可以自己照顾自己了，但我仍想念我的老祖母。

我的思绪被司机克里斯拉回来，他指着牛棚里奶牛耳朵上的黄色标签问我："你知道这是什么吗？"我说不知道。他说这就像是每头奶牛的护照，因为每个标签都是主人家的特殊编号，所以哪怕它们走丢了也不怕，能够通过编号把它们找回来。我问如果主人要把它卖给别人家怎么办。他说那也不怕，给它换另一家的编号就行了。看来要在农场工作也需要有各种技能和学问啊。

别过了老爷爷老奶奶，我和克里斯前往市区。路过市区动物园旁边河流的浅滩时，我看见一艘废弃的帆船。此时，克里斯有了个主意，他说，潮，不如我带你们去看一个废旧汽车垃圾回收厂。我马上说好！那太有意思了。

原来，克里斯竟然是租车公司的老板，这家租车公司叫 a2b，是他的家族企业。18 年前，他的父母在特鲁罗创办了这家公司，现在是他和两位兄弟在一起管理。今天由于其他司机都没有空，他就亲自上阵了。而那家回收处理厂，是他熟识的朋友开的。

　　克里斯脸上有憨直的表情，矮墩墩的身材，待人诚恳，让我想起一个很久远很久远的朋友。在刚到北京的那些日子里，在彼此事业最艰难的初期，我们总是相互扶助。后来，他的家人生病了，而我当时钱也不多，但还是把部分积蓄借给了他。只要是我真正认定的朋友，对兄弟讲义气不求回报，是我的基本原则。我不知道后来的他怎么样了，我们的联系越来越少。我希望他现在过得很好。

　　他一路带着我们来到这家汽车垃圾回收厂，它就在特鲁罗河的旁边。不同品牌的汽车被压成了各种蜘蛛、螃蟹的形状，堆在院子里，足有十米高。它们看起来像是长相怪异的机器人，让我想起小时候喜欢的变形金刚高达的模型。在院子的另一侧，停放着几台起重机和挖掘机。克里斯跟我说，人们通常是把他们不想要了或者报废的汽车开

过来，卖给这个工厂的老板。而老板则等到一定货量的时候，把这些汽车垃圾就地装船，通过旁边的特鲁罗河，一直到英吉利海峡，顺流而上，将这些汽车垃圾运到位于英国中南部的南安普顿。在南安普顿这个更大的港口城市，有汽车垃圾回收的公司，在那儿积累更多的垃圾后，会用更大的货轮将这些垃圾运到中国广州。

　　他说："这个小小的港口和这家小小的回收厂，却是整个全球化的缩影，你不觉得很有趣吗？"我说："是的，这是英国和中国之间奇妙的关联，就像此刻站在这里的你和我一样。"他哈哈大笑起来。我也笑起来。我们正聊着的时候，一位工作人员过来，示意我们站到安全区域去。他爬上一辆庞大的机器，开到那些汽车垃圾的另一侧，伸出铁爪，将地上散落的变形了的汽车抓起来，就像摆弄玩物一样，垒在原本就整齐罗列的那些"汽车三明治"上面。不得不说，这个铁爪机器看起来更像高达。

临走的时候，我跟克里斯道谢，谢谢他给我们带来的美好旅程。他把我们送到了特鲁罗火车站。我又看了眼这个小城市，最后吸了一口带着海水味道的空气，瞥到火车站门口张贴着的按摩广告海报，发现旁边竟是克里斯的公司 a2b 的广告，之前下车的时候我却没有注意到。

在这样一个英国的南方小城市里，我背着行囊，依依不舍。从此以后，我对这个城市便不再陌生。因为这个城市有一位经营租车公司的朋友，他让我这样一个千里迢迢赶来的中国人感到我和英国的距离并不遥远；我还认识了一对老人，他们让我认识到相爱相守、平淡安静的一生是那样美好；我认识了一个年轻的男孩，他教给我时间的珍贵。也许，这就是旅行的意义。你不知道会遇见什么样的人，听到什么动人的故事，然后，它就打动了你，让你认识到了生活本身的美好。

最重要的是，从这些人身上，我遇见了一个内心里真正的自己，就像是对着镜子中的自己一样，我和他对话。当我看到不同的人在过着不同的生活时，我会问他，姜潮，你所向往的是什么样的生活呢？你应该珍惜的又是什么？当我看到人和人之间建立起来的单纯的友情是如此清澈透明时，我会对他说，姜潮，要对当下遇见的每一个人怀抱感激。

N⁰ 1

我问
另一个自己

3

What is success?

成功
是什么

# 1

## 成功的意义

坐火车回伦敦需要 5 个多小时，我看着窗外的风景，夕阳下的海滩上，细细的沙粒仍然闪着光，搁浅的帆船仍然躺在它原本的地方，那些依山而建的红色、灰色屋顶的房子也仍然安静地矗立在海边。似乎一切都没有改变过，但我知道自己变得不一样了。特鲁罗对我而言不仅仅是一个位于英格兰南边的小城市，更是由一群可爱的人组成的城市。

沿途看风景无聊了，便和朋友聊起天来。他是一位资深的发型师，他说了很多往事，比如小时候学坏去追女生，十几岁的时候开始学艺。他跟我聊起那段时光，很是怀念。他说影响他最大的是一位早年学艺时的师傅，师傅是美籍华裔，喜欢收藏黑胶唱片，喜欢听摇滚、爵士、电子音乐等等。师傅后来不再开理发店，去上海和自己的爱人一起开小店，四处游玩，终生如此。

他说人一定要有情怀，心中有情怀就不会被这个快如光速的世界带着走。他说他是个很怀旧的人。他说不要因为钱去工作，而要为了

喜欢的事物去奋斗。他还说："成功的定义是什么呢？我的师傅一生都在追求自己的快乐，他也不赚什么钱，但他一直都很快乐。我觉得那就是成功。"

我陷入了深深的思考，我想他说得很对。什么是所谓的情怀呢？至少"一路上拼命地工作赚钱，却错过了沿途的风景"肯定不是情怀。成功的定义又是什么呢？我相信不是金钱本身，而是快乐。只要你此刻是快乐的，你就是成功的。我在想，对我自己来说什么时候觉得很有成就呢？我记得曾经有一刻，我觉得自己是成功的，与充实的物质环境无关，就是当我给我的母亲买了一件礼物，看见她脸上露出笑容的那一刻，我觉得我是最幸福的。我让我的家人快乐，因此，我也感到了快乐和幸福。成功的意义不就是快乐和幸福吗？

172

# 2

## 是成长，而不是成功

我是个无忧无虑的人，我的朋友们都说，我是那个永远挂着笑容、整天乐呵呵的人。对我来说，大部分时间能够开心地拍戏，和喜欢的人在一起，就很好了。可是，每次旅行却都是特殊的，有时候还会带来这种不经意的深度思考。很奇怪，在旅行的途中，我似乎才能遇见自己，那个隐藏在内心深处的真正的自己。

上一次，那个内心深处的姜潮出现在我眼前的时候，还是 2011 年，我刚拍完《落跑甜心》。确切地说，就是在《落跑甜心》和后来的《青春荷尔蒙》《201314》《小时代》的间隙。那段时间我觉得很累很辛苦，刚开始工作的我，并没有什么好的条件，没有助理也没有保姆车，每天打车跑剧组。

事实上，《落跑甜心》是我的第一部担纲重要角色的戏约，如此珍贵的机会，却让我如临大敌，每天绷得紧紧的。终于有一天，因为一件表演上的小事情，我和导演组的工作人员发生了毫无意义的争执

（当然，那时候我钻进了牛角尖，并没有觉得毫无意义，反而非常理直气壮），一怒之下，我从剧组跑掉了。那可是极大地违反了剧组纪律，于是经纪公司立马收到了严厉的通知，我也被经纪人叫到公司"谈心"。到了公司，脑子不止缺了一根筋的我，仍然不顾及"江湖规矩"，满脑子都是自己的个人情绪，差点没把经纪人气死。经纪人说："进了社会工作，就要懂得相互妥协，不可能所有事情都会按照你的意愿进行，而且别人对你提要求，也是给你机会，如果你就这么撒手不干，那么多的工作人员就会因为你而遭殃，你想过他们的感受吗？"听到这里，我顿时清醒过来。是啊，我只想过"绝不妥协"，但没想过"拖累他人"，我只觉得自己努力就好了，如果不开心也可以选择不努力，却没有考虑到别人因此付出的代价，活在个人世界里的我，和一根木头有什么区别？

拍完《落跑甜心》之后，我发现自己长期陷入了一种说不清道不明的沮丧状态。也许是人生中第一次发现现实跟自己之前想象的不一样，也许是因为我是狮子座。狮子座的人总是需要别人的鼓励，才能满满正能量地去努力工作，而在那段时期里，我发现自己缺乏别人的关注，也没有什么工作的热情和动力。

那是我最寂寂无闻的时期。那时候我刚 21 岁，一个大学以外的、真实的世界刚开始在眼前展开，梦想和现实的落差也在此时进入了我的生活。我意识到，要实现梦想其实并不那么容易，也不是那么快就可以的。而我曾经是那样骄傲的一个人，我不允许自己有任何失败。就是在这个时候，我带着自己的骄傲和内心那些隐藏的无法告人的挫败感，在 2011 年年末的那个冬天，任性地躲到了泰国，进行了一场长途旅行。

在那次旅行中，我先是由曼谷向北出发，去了小城清迈。不同于曼谷到处都是游客的都市化风格——考山路上还有一些昼夜都在狂欢的嬉皮士，这里的环境更清新，道路也更加整洁。也不同于北纬 50 度的康沃尔那些茂密的丛林和苔藓，在热带的清迈，到处都开满了鲜花，到处都是棕榈树。这些长期生活在热带的人，肤色晒得黝黑，长得矮小却看起来很壮实，脸上永远都是灿烂的笑容，只有热带才有的灿烂笑容。不像伦敦，人们只讲幽默的冷笑话，但绝不会像在热带生活的人那样开怀大笑，露出所有的牙齿和牙龈。我在清迈租了辆自行车，绕城逛了一圈又一圈，到处都是花草，到处都是树木，累了就找个枝繁叶茂的小院子坐下来喝咖啡，或者随便找个寺庙的凉亭休息一下。

去山里，也去海边。去普吉岛的时候，就找了个稍微没那么多游客的海滩躺着，在炎热的太阳下晒着。热情的泰国人打捞起海蛎子，在海边用火一烤，现场就卖起了海鲜。价格很公道，我也去买了一盘来吃。还有人卖冬荫功汤，热气腾腾的又酸又辣的海鲜汤，也是买一碗来，就在遮阳伞底下，坐在躺椅上喝了一大碗。

那次旅行真是有趣得很。不过我为什么会想起那次旅行呢，大概是因为和这次的伦敦行很相似。住在海滨的小屋里，就像在康沃尔的森林中那样，周围是风的声音、鸟叫的声音；就像在康沃尔的海边一样，周围是海浪的声音、小孩的嬉闹声。在那样的环境里，我一次又一次感受到一种大自然的力量。在嘈杂的城市中居住，每天忙忙碌碌地生活，突然之间，就都好像非常远，远到几个世纪以前了。那些在北京的现实生活中所带有的挫败感和对未来的一片迷茫，也似乎就此远离我了。此刻的我，内心变得平和起来，也开始有时间去面对真实的姜潮，去问问他想要怎样的人生和怎样的未来。

在此之前，太累的时候我也曾想过，去过不是明星的生活，就像我小学、初中的那些同学一样，他们在安徽过着富足的生活，也很快乐。在那个城市里，人和人的关系好像更近点。比如在北京吧，和朋友要见一次面太不容易，大家总是都很忙没时间，不然就是好不容易都有空，但却由于住得太远聚不起来，有的朋友，半年也见不到一次面。大多数时候，大家不是工作，就是自己宅在家里玩玩游戏，做做食物。但如果是在安徽，我想象，下班以后，朋友们约出来去餐馆吃一顿，聊聊天，酒足饭饱就回家。也许上班的公司之间就隔着一条街的距离，或者从小的朋友就是现在隔壁的邻居，走几步路就可以和朋友们在一起，根本不会觉得孤独。

那样的生活好不好呢？可能也很好吧。可是那样的姜潮却不是我

喜欢的姜潮，我还是希望自己是一个勇敢的、特别的人，而不是遇上点困难就退步不前的人。如果我放弃眼前的生活去过那样的生活，那么，我最憎恨的人就会是我自己。我是个任性的人，自己认定的事情谁也拦不住，但如果是自己否定的事情，谁也都劝不了。我难道不应该认可这样的自己吗？不是有这样一句诗吗，既然选择了远方，便只顾风雨兼程。

　　妈妈在这件事情上也对我有过积极的影响。我在去泰国之前非常不开心，给她打电话，她告诉我："选择了就要一直走下去。"她身上的这种坚定，以及对我表现出来的信任，都让我觉得我不应该轻言放弃，而要更加努力地去回报她。

**180**

我还记得在清迈的时候，住的酒店对面有一家路边小饭馆，老板卖的水果糯米饭和烤牛肉很好吃。他每天很早就开门了，一直到晚上很晚。很多游客和当地人都喜欢到他这里来吃饭。我总去那里吃饭，就和老板熟悉了。他跟我说，他有三个孩子要养，妻子生病了，做不了太多的活儿，只能靠他摆摊养家。但他却每天都挂着满脸的笑容和大家打招呼，远远看见你就问好，根本看不出来生活的压力这么大。我突然就觉得，别人每天工作不也辛苦吗？但他们都能乐观地面对。相比较起来，我比这个饭馆老板幸运多了。最起码我的父母健康，我还有那么多喜爱我的粉丝，有一份自己热爱的工作。这些，对于饭馆老板来说大概是很难得的吧，而我却不懂得去珍惜。

我要珍惜的实在是太多了，正如我经常得到一些出乎我意料的珍贵感情。有一次因为工作住在酒店里，忽然经纪人神神秘秘地来敲房门，问我能不能下楼和等待已久的粉丝见个面。我当时有点不情愿，因为我的粉丝大多数都非常年轻，有的甚至是未成年人，他们经常为了见我一面，便放下工作或者学习，跑到酒店、剧组，我很感激但也很惶恐，如果他们在路上出现安全问题怎么办？如果他们耽误了学习怎么办？如果他们被人骗了怎么办？所以，如果没有公开的活动，我一般是希望经纪人不要安排粉丝见面的，不然岂不是会鼓励他们有更多不理智的行为，那我会一辈子不安心。经纪人非常了解我的原则，但这次他好像有非常特殊的理由，坚持让我下楼："这次你真得下去一次，这些孩子太不容易了，你下去就知道了。"带着满肚子的疑惑，我随着他下了楼。十几个熟悉的面孔映入眼帘，还有蛋糕，哦对，过几天是我的生日，但已经庆祝过了呀。这时候，经纪人特意拉过一个女孩，告诉我："她还是个学生，自己一个人从新疆坐很久的火车来深圳，专门来给你送蛋糕。"天啊，新疆！少说也有4000多公里！坐飞机都得很久，别说坐火车了，她一个女孩竟然这么勇敢，我像她这么大的时候，坐地铁家人都不放心呢。我完全陷入震惊当中，呆呆地看着他们打开蛋糕。蛋糕已经在路上化掉了，融化的奶油糊在一起，却好像也糊在了我的眼睛上，有一层朦朦胧胧的东西，也包裹住了我的心，一切都变得柔软起来。虽然现在媒体整天都在盘点粉丝的各种行为，并称之为不理智，但此刻的我，真的没有感觉到自己是艺人，对方是粉丝，这明明是非常真诚的情谊，足以让素不相识、远在数千里之外的人牵挂我的生日，像家人一样为我准备礼物并且盼望和我一起庆祝。这份沉甸甸的情谊如果放在古代，肯定会被写入书里，根本不是现在网络上的那些轻蔑的词汇可以概括的。厚脸皮如我，此刻不禁觉得自己就是他们的哥哥，也许他们就是把我当成自己的亲哥哥，才会对我这么好。蛋糕虽然化了，但它的香甜会永远留在我的心里，让我相信人与人之间可以有无限的真诚，哪怕未来出现任何事情，我也不能辜负这份期望。

因为演艺事业而成为公众人物的生活充满了封闭性，经常会活在自己的幻想和作品当中，充满了无聊的功利和多余的警惕性，被大众消费着，却与现实生活严重脱节。这么自闭地过着自己的生活，如果不去看别人的生活状态，怎么知道自己过得很幸福呢，怎么知道自己已经是上帝的宠儿了呢？想到这里，我忽然想起了我的一个吉他手朋友。有一次，我和他看了一个叫《了不起的盖茨比》的电影，大概讲的是 20 世纪 20 年代的故事，场面很奢华，男主角莱昂纳多·迪卡普里奥穿西服戴帽子的样子又帅又绅士，其他演员穿的衣服、戴的首饰也都很美。我很喜欢那个年代的服装、场景，复古的美。男主角也是一直爱着女主角，哪怕她已经结婚了，但还是要每天开大型聚会，等女主角来，非常痴情的一个人。最后结局不是很好，我有点难过。

我的朋友回去以后就把那个电影的原著看完了，他居然在深夜里很激动地给我发信息，给我念那本书里的一段话，我现在还能想起来：

"我年纪还轻、阅历不深的时候，我父亲教导过我一句话，我至今还念念不忘。'每逢你想要批评任何人的时候，'他对我说，'你就记住，这个世界上所有的人，并不是个个都有过你拥有的那些优越条件。'"

那时候我困得要死，根本听不进去他在说什么。但很奇怪，不知道为什么，提到那个泰国饭馆老板的时候，我却莫名地，脑子里就想起了他跟我说的这段话。这话就像是另一个姜潮贴在我的耳朵边上，手指着对岸的绿光，然后轻声细语却非常清楚有力地说出来，烙印在了我的脑海里。

世界上有千千万万种人生，其中大多数人也许都在承受着困难和苦痛。而我，却是其中那个幸运儿，有爱我的家人、朋友和粉丝。因此，我似乎没有什么理由再对自己的父母、工作、同事那么不负责任了，我应该去做一个更好的人。

就是在那次泰国的旅行中，我认识到：我应该长大了。回到北京，我要好好地工作，努力地工作，承担起一个成熟男人应该有的责任，我也不会再惧怕任何在工作中遇到的困难。那是我第一次非常勇敢地告诉自己：姜潮，再大的困难也要去面对，再大的挑战也要去经历，因为，你需要成为一个更有担当的人。这无关成败，也无关名利，所有要完成的、你所热爱的事情，都需要在同时付出代价。这就是人生，为了成为那样的姜潮，我愿意付出加倍的努力和汗水。

# 187

我们终将
与自己相遇

我问
另一个自己

演员
是什么

4

What is actor?

# 1

## 好男孩和坏男孩

也许对观众而言，有一个姜潮已经深入人心。他始于 2011 年我出演的《落跑甜心》，这是一个公子哥的形象，他外表完美，永远笑脸迎人，对人友善又不懂得拒绝。从这个角色开始，似乎就为我的戏路设定了一个青春阳光却又酷酷的"富二代"框架。虽然每个角色有所不同，《落跑》里面的姜潮是个痴情的阳光少年，深爱着女友贝芮，到了后来的《青春荷尔蒙》的时候，姜潮就变成了外表冷酷的大男孩，但仍然逃不过一个公子哥的形象。

《青春荷尔蒙》是我的第一部电影，我和导演此前素未谋面，没想到一见面他对我的印象却很深刻，他说我的外表看起来酷酷的，有点霸道、大男孩的感觉，与戏里的男一号不管是在气质上还是性格上都很贴切、吻合，当即就确定了男一号由我来出演。导演还把戏里男一号的名字改成了姜潮，就是想让我大胆地"本色"出演，除此之外，他又在电影中加入了好多为我量身定制的戏份。

　　导演对我的重视给我带来巨大的动力，但我也感到了巨大的心理压力。虽然是本色出演"自己"，但仍然希望这会是一次从电视到电影的成功转型。我希望这个角色是我自己，同时还是一个更好的自己、理想化的自己。所以，虽然角色是酷酷的、冷冷的，但同时，我希望他保留有一种纯真的、美好的东西在里面。他相信很多东西，相信爱情，相信自己努力就会带来回报，他单纯又善良。

　　在拍《青春荷尔蒙》的几乎同一时期，我还拍了另一部叫《201314》的电影，我所饰演的周默和女主角温馨的另一个女闺蜜苗可是情侣，但感情出现了危机，最后因爱再度牵手，因幸福明白了爱的真谛。周默会弹吉他，会唱动听的歌，是一个怀才不遇的音乐才子。不过，虽然他音乐才华满分，但是在爱情面前却"情商偏低"，不懂关怀和表达。周默

和苗可同样热爱音乐，同样不懂得关怀和表达，总是在想去关心对方的时刻不知道该怎么开口，有时候，反而惹到对方生气。颇有些本色出演的感觉。

如今想起来，我很感谢演艺事业的起点是从这几部戏开始的，因为它们让我开始出现在观众面前时，是一个阳光青春少年的形象。这个形象也成为了姜潮的其中一面，也让我以后的演艺事业有迹可循。

这个形象被另一个姜潮打破是从《小时代》开始的。从《小时代》里的席城开始，姜潮不再是那个表里如一、单纯阳光的男孩，他的内心增加了许多矛盾而复杂的部分。在《青春荷尔蒙》这部戏之后，我开始被一些粉丝说有邪魅的笑容，看起来像是一个坏坏的男孩。也许是从这个时候开始，好男孩姜潮已经开始朝坏男孩姜潮转变了。

事实上，早在 2012 年，《小时代》就已经开拍了，那时，阳光男孩姜潮的角色也是处于刚结束或者正在结束的时期。在这部电影中，席城由于患有抑郁症的母亲自杀而走上堕落之路，他和女友南湘自初中开始交往，纠缠不断，数度分分合合。在这个系列的四部电影中，他都是在一个发狠的角色状态，但他内心又是隐忍的，对南湘有太多太多的割舍不下。在戏里，他是一个导致几个姐妹情谊发生改变的重要线索，也是所有男生角色中，我觉得内心应该最复杂的一个。

我开始试图去理解席城，因为母亲自杀，这种心理阴影使得他的成长变得坎坷，也正是因为受到过如此巨大的伤痛，他才会最终变成银幕中的样子。他的邪魅其实是来自于曾经的人生经历，他有着很多的不确定感、很多的不安全感，他并不知道如何去表达，所以只能选择用伤害的方式来与亲近的人沟通。一半是水一半是火，说的就是席城吧。每当我演席城的时候，我并不觉得他是一个坏男孩，相反，当他越是对世界强势的时候，其实越是他感到孤独和害怕的时候。我是这样来理解席城的，他的内心仍然是一个受伤害的小男孩。

到这部戏为止，我所扮演的角色已经开始有些影响到现实中的我了。外界常常会把席城和我等同起来，而席城是如何看待爱情的，他又是如何去和爱人相处的，事实上，也确实影响到了现实中的我如何去面对爱

情。甚至，电影中那个邪魅的受伤的小男孩，也开始渐渐走进了我的内心。当我仍然是那个现实中阳光的姜潮时，我会时不时想起另一个"我"来，他就是电影中的那个姜潮。我有时会心疼那个姜潮，那个失去了母亲关爱，接受世界的冷漠并因此受伤的男孩。有那么一个瞬间，我竟分不清自己和角色了，那也许是因为我们内心共同的那种柔软与脆弱，以及对外界的绝不示弱吧。

自此，我发现自己好像是个双面人，有时，好男孩姜潮会出现在人们的视野，而另一些时刻，坏男孩姜潮又会偷偷地跑出来，像一个偷吃的孩子一样看似无恙实则忐忑地面对着公众。

　　但我还记得，幼年时的姜潮远不是如今人们心中的样子。在和父母聊天的时候，我们三人经常一起回忆起年少时的我，我会觉得不可思议。我是如何变成今天的姜潮的呢？

　　幼年时候的我是一个乖小孩，胆小怕生。记得有一次，有一个邻居误会了我，以为是我调皮捣蛋弄坏了他花园里的东西，但事实上不是我，而是别的小孩干的。邻居来找我爸爸妈妈的时候，我很害怕，不敢出去跟他理论，而是躲在屋子里不敢出来。虽然后来妈妈没有责怪我，但这件事一直在我的脑子里挥之不去。我想起自己躲在小屋的衣橱柜子里，是如何地难过，我又是如何地责怪自己胆小，当替罪羊是如何地委屈。我不知道我是如何度过了那一天的，只记得，那天对于我来说是如此漫长。从那以后，我决定，如果有任何觉得委屈的事情，就一定要诚恳地当面说出来。哪怕当我长大后，在成长过程中的任何一个阶段，我都不能是一个坏男孩。现在，人们给了我很多的标签：乖巧懂事、热心助人、阳光少年等等。

　　总之，从席城这个角色开始，姜潮看起来就不再只是那个阳光男孩，而是坏坏的但又深情的，刚毅的却又是脆弱的。外界把姜潮定义为邪魅男孩，也许就是从席城开始。但毕竟，真实生活中的我和电影中的我是不同的。

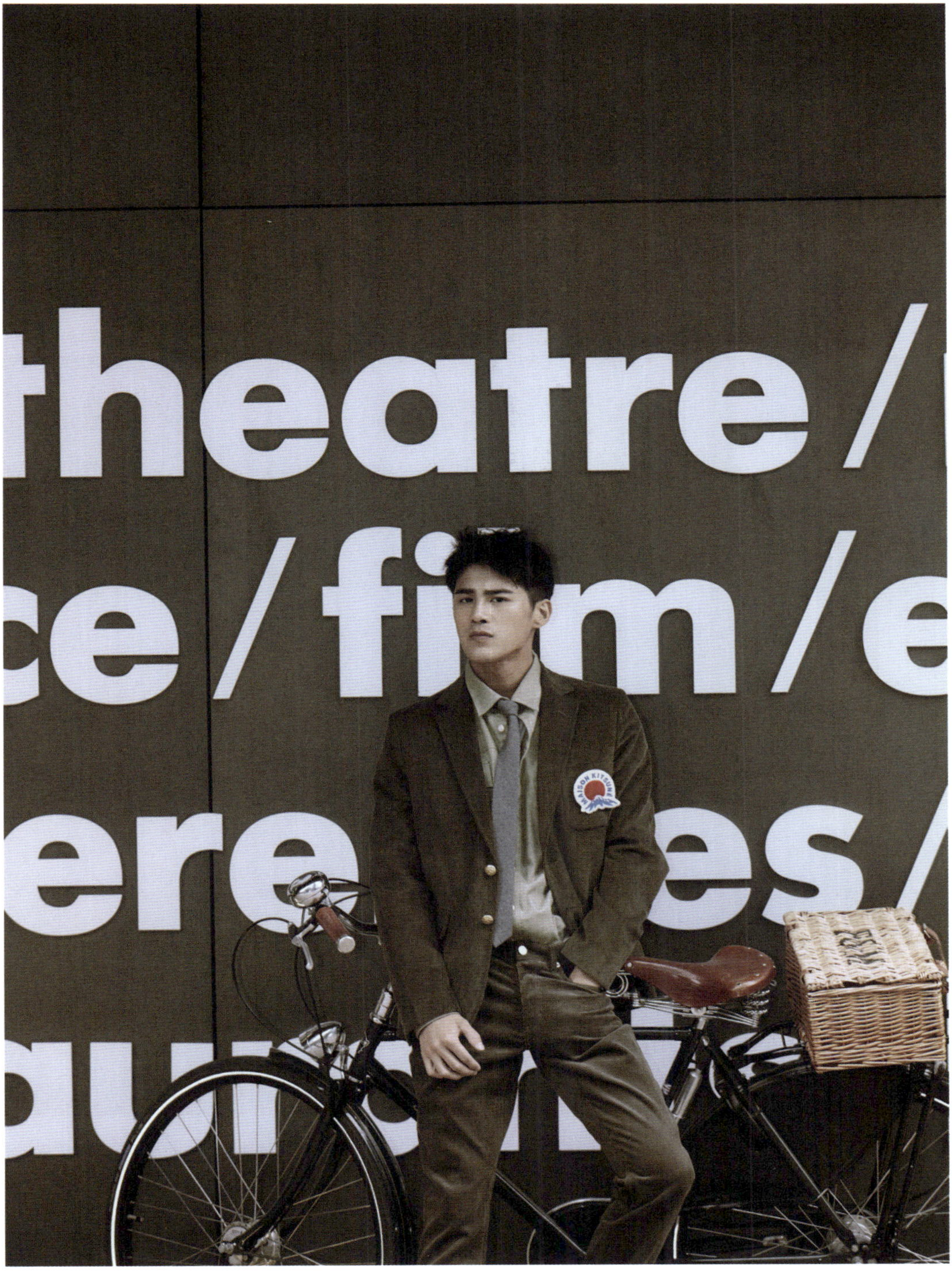
theatre/

# 2

## 演员姜潮

扮演席城对我的另一影响是我对演员姜潮的认识。和杨幂、郭采洁、郭碧婷等这样的好演员对戏，才真正认识到她们的专业度。观众只看到了那些华美的场景，看到她们踩着高跟鞋、穿着晚礼服光鲜亮丽的样子，却没有看到她们背后的辛苦。她们却毫无怨言，许多时候，一个场景需要反复拍摄好几十条，她们也是从不叫苦叫累的。她们都是一天十几个小时的工作量，导演更是如此，他基本就没有怎么休息过。都是年轻又如花似玉的姑娘们，也许对她们来说，还有更轻松的选择，不用付出这样的艰辛，但她们都有自己的演员理想。正是如此，才让我在这个剧组里向这些成熟的演员、导演学到了如何敬业。也认识到，对于一个演员来说，舞台背后的辛苦和敬业才是作为一个演员的基础，而不是那些舞台上的光鲜亮丽。我记忆深刻的是，有一场戏，我需要在冷水里反复拍很多条，最后终于通过了。回到家，我就病倒了，躺在病床上的时候，我收到了导演发来的信息，他说："姜潮，我以前以为你是个不会演戏的人，现在，你会演戏了。"那一瞬间，我觉得所有这些付出、这些努力都是值得的，也都得到了回报。

　　这一切成绩仿佛都来得太慢又太快了。太慢的是，我要长期和自己的不自信对抗，哪怕再努力，我好像依然不能百分之百地相信自己；太快的是，昨天的种种不如意和失落都才刚刚过去，这眼前新到来的光鲜亮丽像是梦幻一般不真实，我原以为，还要再等一个世纪才会得到这些机会呢。以前，为了得到一个机会，我甚至不会过问一切细节，只要给我工作，我就马上接单。在刚入行的时候，还没签正式的公司，我接到一个节目通告，连台本是什么都不知道就直接去录制了，到了才知道，我被导演组安排设计了一个拥有男性爱人的身份，还要在节目里和我的"男朋友"对话。彼时面对任何机会都感激涕零的我当然不会想到什么长远后果，也没有对节目组提出任何质疑，便接受了这份安排。谁知节目播出之后甚至直到现在，它都成了我的把柄，还在一定程度上影响了我和女朋友的初期相识，虽然我对爱情的看法没有界限、没有性别之分的，但不符合事实的举证放在我的头上，就只能恕不接招！果然每个人的奋斗史都是五颜六色的啊，有些想擦都擦不掉，所以以后我要擦亮眼睛，对自己的每一个选择都加倍慎重，今日因，明日果啊。

　　尽管《小时代》四部曲都已经终结了，但每次回想起来，这部戏对于我的意义远超过了席城这个角色，它在很大程度上改变了我的人生轨迹。我并不是说现实意义上的改变，虽然确实这部戏让我变得更红了，也确实在《小时代》之后，有越来越多的人向我发出工作邀请；但我认为更重要的，是这部戏带给我的一种人生阅历。去扮演一个角色，经历那个角色的人生，这并不是谁都可以有的机会。

　　每拍完一部戏之后，我并不愿意长期沉浸在角色中，会想办法从戏里那个角色身上抽离出来，虽然确实要花费一些时间，但事实上，我有自己的方式来回到现实生活的状态，调整好自己。比如，我会约上朋友们一起去踢一场足球。在绿茵场上和朋友们大汗淋漓一场，无论输赢，回到家都会觉得神清气爽。或者自己在家做一顿好吃的，给朋友们秀秀我的厨艺。看到朋友们喜欢吃我的菜，把每个菜都吃光时脸上满足的表情，我就觉得，此刻就是属于姜潮的幸福。踢足球和下厨都是现实中的姜潮最拿手的，同时，我也就从戏里的那个姜潮转变回了现实生活中这个姜潮。我喜欢这个姜潮的生活。

　　但我需要坦诚的是，虽然踢足球、下厨这些都可以帮助我回到现实生活的轨迹中去，但某个时刻，你并不会认为需要隔绝掉所有角色对现实中自己生活的影响。当然，如果我说我可以绝对地逃脱一个角色对我的影响，那我是在欺骗自己。

那是一个什么样的时刻呢？也许就是在片场导演喊 Action 的那一刻，又或者是杀青的那一秒，你总会意识到，如果要长期做一个演员，一个称职的演员，那么，也许就要准备好让你的角色影响到你真实的生活。许多演员就是这样做的，比如张震，他在拍《一代宗师》的时候，为了融入角色，一直在努力练拳，最后竟然去参加了武术比赛，还拿了奖。这真的是一个演员极其敬业的表现，这不也是戏中角色对真实人生的积极影响吗？为什么要去回避呢？梁朝伟正因为演了这么多的好角色，他才是梁朝伟啊，不是吗？

作为一个演员，《小时代》让我意识到了专业的重要性，它也让我在努力之后得到了肯定。最最重要的是，它让我开始重新认识自己，我开始问自己一个最基础却也最根本的问题：我为什么要做一个演员？

我想，当我在扮演姜潮、周默或者席城的时候，都像是在经历另一个人的人生，这是电影最有魅力的地方，也是我为何要做一个演员的真正原因。毕竟，我们每一个人都只有一次人生。然而作为演员，你会幸运地去经历许多人的人生，被允许去爱上许多的人，去成为英雄才子，去上演一幕幕的悲、喜剧，然后从这些悲、喜剧中挣脱出来的时候，你会发现，那些属于自己的、日常的生活更值得去珍惜，更难能可贵。

我要做一个怎样的演员呢？当我这样问自己的时候，我脑子里想到了许多人。比如科林·费尔斯，我曾经看过一个他的电影《王牌特工：

特工学院》，印象深刻的就是他在电影里穿着合体的西装，拿着一把雨伞。而在他早期的另一部电影《傲慢与偏见》里，他是富家公子达西，是一位英伦绅士。比如另一个人物，电视剧《像雾像雨又像风》里孙红雷饰演的一个底层小人物"阿莱"，那时，他是一个默默无闻的演员，却在这部电视剧中凭借一个小角色大放异彩。还有，就是张震在电影《卧虎藏龙》里所饰演的那个罗小虎。

在来伦敦之前，科林·费尔斯就是我对英国绅士的全部印象。到了伦敦以后，每天清晨，当我走在伦敦雾气还未退散的街道上，看着大街上戴着黑色礼帽，穿着得体西服，一手握着杯咖啡，一手提着公文包去上班的人们时，我意识到，这些并非出现在电影里，而是现实生活中的伦敦人，是"英国绅士"的最佳代言人。我在想，也许只有这样的环境，才能滋养出像科林·费尔斯这样的人。其实孙红雷、张震也都是这样的人，只不过，他们俩不是英国绅士，而是中国绅士。

我一直渴望去饰演一个像科林·费尔斯、孙红雷、张震那样的硬汉角色，因为我想尝试一些不同的角色和可能性，比如去演一部警匪片，甚至演一个黑帮帮派分子、一个匪徒、一个坏人。尽管这些角色看起来并不讨喜观众，但我认为，他们也是有血有肉的人，他们一定也像我一样有过困惑和迷茫，他们内心的那个自己也许更复杂更矛盾。尽管他们做了坏事，但他们也有不为人知的一面，比如，事实上他们是非常真性情的，重视兄弟情义，喜欢行侠仗义，重视家人和传统。我希望像孙红雷和张震那样，在遇到一个更具挑战的角色的时候，能够激发出自己的能量。当这些演员在戏里的时候，人们总是对他们所扮演的角色记忆深刻，而不是那个演员现实生活中是什么样子。

我跟自己说，要做科林·费尔斯、孙红雷、张震那样的演员。在现实中，他们是真正的绅士；在电影里，他们游刃有余，在不同角色之间自由转换。我想，"绅士"并不仅仅体现在得体而又精致的穿着上，它还意味着有尊严的生活，它源于一种精神上的，对他人、对工作、对自己的尊重。我相信这些优秀的演员在现实生活中必然也是像一个有尊严的绅士般生活着，否则他们无法在电影里演出那些令人印象深刻的角色。

虽然成为一个好演员一直是我的梦想，但我知道，一个好的角色是可遇不可求的。我唯一能做的，就是演好每一部戏，走好我的每一步，得到大家的认可。

# N⁰

**5**

What is love?

我问
另一个自己

爱情
是什么

$$1$$

## 顾辛烈的爱情

.

　　走在伦敦古老的石板路上，在公园里，在路灯下，有时候我会突然想起顾辛烈来。虽然我才刚认识他，却好像是已经很熟悉的朋友。此前，因为书中的顾辛烈所生活的地方是波士顿，所以，我想象中的他是这样的：一个英俊帅气的中国男生，生活在远离家乡的波士顿。在这个美国东北部大西洋沿岸的城市里，几乎每天都是碧海蓝天，阳光普照，而那里的人们，也有着在日照充足的自然环境中所生长的人的热情开朗，他们的笑声爽朗，大多数穿着随意的 T 恤和沙滩短裤，踩着夹脚拖鞋，对于他们来说，舒适的就是好看的。生活在这样的环境中，顾辛烈自然也是相对随性的，有时候，他穿着松松垮垮的 T 恤出来，也许不修边幅，让自己的室友姜河吓一大跳；有时候，他又一本正经，在波士顿这个充溢着精英学子的大学之城里，自豪而骄傲地位列他们中的一员。

　　可是，这里是伦敦。这里阴雨绵绵的天气不像波士顿，这里的人也不像波士顿人，虽然拍戏时遇见的英国人都很友好，说着好听的伦敦音，但他们并不会像美国人那样外放，他们喜欢表现自己的幽默感，说一些

　　我初来乍到时不太能理解的善意玩笑。美国人则不同，他们擅长恭维，又或者是真心地赞美。这里没有哈佛大学和麻省理工学院，但这里有中央圣马丁、皇家艺术学院和伦敦政治经济学院，如果对艺术和设计不感兴趣，那么去牛津或者剑桥也只需要一个小时的车程。顾辛烈，你会更爱伦敦还是波士顿呢？

　　但我却要在想象中把你换成另一副模样了。我想象中的在伦敦的你，大部分时候都很冷酷，看似很严厉的样子，永远把自己打扮得一丝不苟，你不允许自己有不完美的时刻，你总是一本正经。但只有在姜河的面前时，你才能说些心里的话，你才能表达出自己的心动。

　　不知道为什么，当我开始想象你的时候，我总觉得能够理解你，你就像是那个曾经出现在镜子中的"另一个自己"，这也许是因为我们有相似的成长背景。我的父母都在银行工作，虽然并不是真正意义上的"富二代"，但这也使得我并不需要把金钱作为生活的全部目的，从小，我的母亲就告诉我应该慷慨和真诚地与朋友交往。对我来说，赚钱从来不是演戏的目的，工作是出于热爱。而顾辛烈，相信对于你来说，也有自己所热爱的事业和理想吧。

　　你是不是也和我一样呢？从青春时期，就对伦敦有自己的想象。那时候我们对英伦的印象都是从听流行音乐开始的，也会偶尔接触到一些比较大众的英伦摇滚偶像，比如披头士、酷玩、山羊皮乐队等等。从那

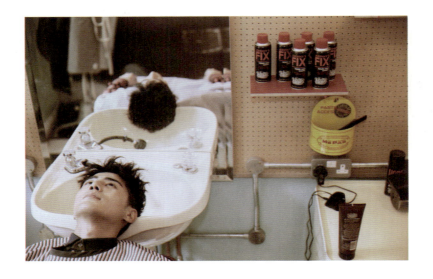

时起，我们对于英国的想象就是音乐和酷酷的年轻人，印象深刻的就是约翰·列侬、保罗·麦卡特尼。他们留着厚厚的刘海头，他们还喜欢穿没有领子的套装和尖头靴子，有时候，他们会穿着喇叭牛仔裤，但我更喜欢他们穿着套装时候的样子，比如那张著名的在 Abbey 街行走的四个人的封面。尤其约翰·列侬，他过早地离开了人世，让他年轻的样子就这样留在我们心中，就像是我们心中永远长不大的男孩。

那是只有十八九岁的年纪，以为整个世界都是自己的，以为自己可以为所欲为，以为所有梦想都可以实现。因为年轻，所以这些都有合理

的理由，也因为年轻，所以此刻回想起来，会觉得荒唐却又美好。所以，对于这些酷酷的英伦偶像就很崇拜，那时对伦敦的印象就是"这里是出摇滚乐和很酷的偶像的地方"。现在，走在伦敦的街头，我的大学时光再次出现在眼前，正是伦敦街头那些穿着带铆钉和流苏装饰的羊皮外套、踩着尖头靴子的酷酷的年轻人唤醒了我的回忆。

我所入住的酒店窗外正对着马路，晚上时而有夜归的年轻人、小嬉皮士们路过，有啤酒瓶摔碎的声音，他们在大声吵闹。在异国他乡的夜晚，窗外的这群欧洲年轻人也让我想起了你——顾辛烈，你也许也有过这样的青葱岁月吧，痴迷摇滚乐和尖头靴子的那个年纪，然后，你慢慢长大，你开始学习穿西服，打领带，开始参加成人的晚宴，而非年轻人的聚会。但你是不是也遭遇过相似的夜晚呢，在某一个夜深人静的时刻，因为在这样一个陌生的环境中，而变得自我保护意识更强，珍惜那种独在异乡的孤独感，并且让自己在这样的环境中变得更加坚强，你认为只有这样的自己才能去守护自己喜爱的女生？

简·奥斯汀的爱情

但我想知道，你是怎么看待爱情的？

你是不是也和我一样，希望能够坚守一段爱情，守到它开花结果？你是不是也愿意为所爱的人去牺牲一些东西？你是不是也不能忍受欺骗和背叛？

就像失散多年的朋友一般，我多么渴望听到你的回答，以便我能更好地在电影中成为你，因为我们的大学生活并不相同，我并不敢妄自揣测你。你的爱情发生在大学校园里，事实上，是一段宿舍爱情，这跟我的大学经历有所不同。在我曾经上学的安徽大学，男生和女生分开住在不同的宿舍楼。因此，你会常常看见有痴情的单纯男孩们等在女生宿舍楼下，对他们来说，能和女生在一起约会几个小时就已经很好了。男生和女生在同一个宿舍居住，是不可想象的。但在英国，这是很正常的事情，也只有在同一个屋檐下的设定，才得以让你和姜河的爱情发生。

　　我的大学生活说来也很有意思，我其实并不是很喜欢自己的专业，反而喜欢在下课后跑去找学音乐、学电影的同学，和大家一起学习怎么唱歌、跳舞。那时候身边的同学也有极其有才华的"学霸"，会弹钢琴、会拉提琴，也有会弹吉他让小女生惊声尖叫的那类同学，大家在一起讨论音乐、讨论电影，跟他们在一起的时候总是无忧无虑，过得很快乐，时间转眼就过去了。

　　我还记得，那时经常和学电影的同学一起看电影。有一次，在他的宿舍里，他给我看了一部至今都让我不能忘怀的爱情电影，那就是周星驰导演的经典之作《大话西游》。当我看到紫霞仙子飞进至尊宝的心里，流下了一滴眼泪的时候，我感到格外心疼；当我看到至尊宝说出那段经典的话"曾经有一份真诚的爱情放在我面前，我没有珍惜，等我失去的时候，我才后悔莫及，人世间最痛苦的事莫过于此。如果上天能够给我一个再来一次的机会，我会对那个女孩说三个字：我爱你！如果非要在这份爱上加一个期限，我希望是一万年"的时候，我的眼泪夺眶而出，觉得最美的爱情誓言也不过如此了。我所理解的爱情就是：如果爱一个人，当然是希望和她永不分离，相守生生世世啊。

　　那应该是我对于爱情最初的美好向往和理解吧。尽管如今长大了，可是18岁时对爱情的初心从来没有改变过，仍觉得最美好的莫过于：一生只做一件事，一生只爱一个人。

相信读硕士时和姜河在一起的你也是这样的想法吧。也许这种想法甚至从你更早的时候，从高中时期认识姜河的那一刻就已开始，自此之后从来没有改变过，我说得对吗？只是酷酷的顾辛烈，你是从来不会把喜欢挂在嘴边的对吗？我们都是那一类打死也不会说好话，可就是会在她需要的时候站在她身边的人。

不过，在到了伦敦以后，我却听说了另外一个关于爱情的故事，它刷新了我对爱情的理解。你愿意听我说一说吗？

刚到伦敦的时候，我一直对一位女作家感到好奇，因为在此之前，我对英国的另一个印象就来自几年前看过的凯拉·奈特莉演的电影《傲慢与偏见》，我还看过安妮·海瑟薇演的电影《成为简·奥斯汀》。看着电影里那些英格兰庄园的旖旎风光，看着那些动人的爱情故事，我对这个名叫简·奥斯汀的英国女作家感到好奇，我想知道，她是个怎样的人，又有着怎样的人生和动人故事呢？

于是我问我的朋友，在伦敦，怎么才能寻找到简·奥斯汀。我的朋友告诉我，在伦敦，到处都是她的痕迹，许多她的粉丝甚至愿意花上好几天来一场简·奥斯汀文学之旅。在斯劳大街上，有奥斯汀的兄弟的房子，她曾经在那里短暂居住过一段时间，还在那里写下了许多书信；肯辛顿宫花园，是她的小说《理智与情感》里女主角埃丽诺散步的地方；邦德街，那里诞生了好多摄政时期的小说，花花公子们、

上流社会的人物全都出现在这个地区，奥斯汀小说里的一些角色自然也不例外；温坡街，是奥斯汀的另一部小说《曼斯菲尔德庄园》里的玛丽亚曾经居住的地方，在她和亨利一起私奔之前，她都居住在这里；还有圣克莱门特教堂，是《傲慢与偏见》里丽迪亚和韦克翰结婚的地方，虽然他并不是很情愿。

　　朋友还说，简·奥斯汀是个非常传奇的女性。她其实和伦敦并没有那么大的关联，她出生在英格兰南部汉普郡一个名叫史蒂文顿的小镇。父亲是个博学的牧师，母亲出身于富有家庭，有着良好的修养。奥斯汀虽然没有进过正规学校，但是在这样的家庭环境的熏陶下，培养了她写作的兴趣，她从十三四岁就开始写作。在史蒂文顿生活了25年后，1801年，她的父亲退休，他们一家搬家去另一个城市巴

斯住了 4 年。父亲去世后，奥斯汀和母亲、姐姐又搬到南安普顿住了
4 年，之后搬到了坐落在汉普郡阿尔顿小城西南的查乌顿村。奥斯汀
一生共发表了 6 部长篇小说：《理智与情感》《傲慢与偏见》《曼斯
菲尔德庄园》《爱玛》《诺桑觉寺》《劝导》。最被世人熟知的就是
我所看过的《傲慢与偏见》了。

　　关于她的爱情故事，更是不得不说。虽然说简·奥斯汀的文学作品
深深影响了许多女性对于婚姻、爱情、家庭的观念，但事实上她终身未嫁。
有人说，她在此之前有由家人指定的未婚夫，可未婚夫不幸逝世，因此
她十分伤心，从此下定决心不婚。另有说法是，1796 年的时候，她与
爱尔兰年轻律师汤姆·勒弗罗伊恋爱，传说中《傲慢与偏见》里的达西
先生的原型就是他。不过也没什么证据，因为记录这些感情事件线索的

信件都在她死后被人烧掉了。我还听说，1802年，也就是她27岁的时候，一位比她小6岁的富翁向她求婚，奥斯汀一开始接受了，但第二天就取消了这桩婚事。

我听完了简·奥斯汀的故事，有一种强烈的被震撼感。我很难想象，一个终身未婚，也没有丰富的爱情经历的人，是如何写出一个又一个动人的爱情故事的。她在小说里写的爱情都那么浪漫动人，就像伊丽莎白最终嫁给了达西先生，我原本以为，现实生活中的她也是像伊丽莎白那样，最后和自己的王子快乐地在一起了。

而现实是，她选择自己一人孤独终老。

很难想象这是一位生活在200多年前的女性，她的人生，几乎满足了我对一个女作家传奇人生的全部想象，她就是我心目中那种坚强的、刚毅的、绝不妥协的女性的代表。她敢于在200年前就对抗传统和礼教，她愿意终身不嫁，甚至拒绝富豪的求婚以示自己对心底爱情的忠诚。这需要何等的勇气啊！

她对爱情的忠诚在她的小说里其实已经隐约透露出来了，至少，在她的小说里表达的是一种对真正爱情的追求。比如，伊丽莎白一开始并不是因为达西先生富有而和他在一起的，相反，她不喜欢达西先生，但到了后来，她发现他虽然外表冷酷，实际上非常善良宽厚，她这才爱上

了他。她告诉我们，这样的爱情才是真正的爱情。

而她影响了我对爱情的另一个理解：要接受在这个世界上并非所有的爱情都有完满的大团圆结局。也许，你始终等不来自己的爱情，又或者，有些人一旦错过，便再也无法挽回。这些，显得有些残忍，也都是事实。可是，这样的爱情难道就不美吗？这样的爱情，难道就不是爱情吗？

顾辛烈，你来说说看，是不是我们对爱情的定义有些狭隘了？总觉得山盟海誓、厮守终生才是爱情的唯一归宿。而事实上，在现实中，也许像奥斯汀那样，失去过，没有最终拥有，也可能是爱情的归宿。只是大多数人选择的是再去寻找别的爱情，在经历过一次又一次的爱情后，

他们认识到，要如何以及和谁度过余生。

　　我们大多数人都做不到像奥斯汀那般倔强决绝。我想，她是个完全知道自己要什么，知道自己的人生要如何度过的人。她一定是追求极致浪漫爱情，所以在现实中决不妥协的人。她从不将自己个人生活中的痛苦表达出来，而是贡献给这个世界那些美好。她死后被葬在了温彻斯特大教堂，直到现在，每天都能看到她的坟墓前有人送去的鲜花。我想，奥斯汀在天堂应该是幸福的，因为直到现在，人们仍然还记得她，并且被她的爱情故事感动着。

N° 6

Who is Jo Jiang?

我问
另一个自己

谁是
姜潮

　　在离开伦敦前，我又去了伦敦眼，不惜排长队，为了能最后一次在伦敦城的上空俯瞰这座城市。视线越过泰晤士河，越过威斯敏斯特教堂和古老的大本钟，落到远处钢筋混凝土垒砌起来的一栋栋摩天大楼身上。而我身上还带有从海德公园一路走来沾染的露水和青草味。

　　我抬头望头顶的天空，白云朵朵，天色澄明。此刻，我问自己：姜潮是谁，谁又是姜潮？

　　毫无疑问，姜潮是一个演员，一个想要演好每一个角色，想要变成一个绅士，想要成为一个更好的自己的人。

　　但我还有一个疑问，姜潮是否是一个明星？我不确定。此刻的伦敦是特别的，也是自由的。在这里，没人知道我是谁，在做什么，他们会对我微笑示以礼貌。等回到中国，回到北京，我就需要投入到那里的姜潮的生活。在那里，姜潮看似是一个明星，他有粉丝的喜爱，受到大家的关注。但同时，在社交网络上，他不再可以自由自在地发图片，也不能再自由地发表言论。

　　所有这些都要从"九连拍"事件开始，那是一次远远超出我控制范围的事情。和大多数网友一样，深染"朋友圈矫情病"的我，自拍了9张对着手机镜头哭泣的照片，并配上文字："好久没有和妈妈聊天了，今天我哭得很伤心，对不起，妈妈，让你担心了。我真的好压抑，我好累，我好难受，没人懂。我知道，我是爷们，我不应该哭！我错了！我情商为 0！"原本最初只是发到了朋友圈，朋友们都纷纷留言安慰我。可能是朋友圈的友善麻痹了我那原本就为 0 的智商，导致我智商骤降到了负1000，把这组图片和文字又发到了微博。其实也没有多想，就只是想跟我可爱的粉丝们撒个娇，我也根本没有分清楚朋友圈和微博的受众是有多大的区别，反正都是我自己的账号，那就都是我的地盘、我的世界，那么我想发布的对象肯定都是会关心我的人。但就这么件事情，却引发了轩然大波，竟然还有网友专门建立了一条百度百科，叫"哭照九连拍"，一大拨网友纷纷模仿讽刺，许多人说我"脑残""想红想疯了"等等。一开始，我很生气，在评论区里挨个回复留言，和他们争论，不争则已，一争就犯了众怒，如果说一开始只是犯傻，那么我反驳网友便是等同于"犯罪"。诅咒我的网络评论如滔滔江水汹涌而至，恨不得把我一瞬间淹死、掐死、堵死，总之，地球上再也没有姜潮就对了。网友们的"脑残清除计划"永远都是绝对正义的，可是，我有一个疑问，都说互联网是最有包容性的地方，那么，即使我是脑残，我就没有权利表现自己的状态，表达自己的情绪吗？在别人看来极其不高级甚至极其弱智的行为就绝对不可以在自己的主页上发布吗？如果你不喜欢我，为什么还要"千里迢迢"通过搜索来看我，甚至还要模仿我，到底是为了"消灭"我以给社会树立正确价值观，还是仅仅为了发泄自己在现实生活中的不如意呢？那些不堪入耳的骂人的话，是不是自己在现实生活中刚刚遭受过的语言暴力，刚好抓到了我这个靠"公众知名度"吃饭的软脚虾，便变本加厉地进行施暴性转嫁呢？处在旋涡中间的我，虽然的确做了一件非常低幼的事情，但不至于伤天害理吧。我和轻蔑的词汇绑定上了话题榜，还被冠上"博出位"的罪名，支持我的人统统都被淹没在血红的字眼里。

告诉你们一个秘密，那时我还为此注册了一个小号，就是想和那些骂我的网友对话，我想知道他们为什么不喜欢我。我知道其实我应该更正大光明地和他们聊天，可是在那个环境中，我说的每一句话都会被过度解读，都会引发更多的争吵和讨论。因为我的对与错已经不重要了，重要的是似乎所有人都可以在这件事情上发表他们的观点，不管这种观点是否带有强烈的偏见，或者对我本人有所中伤。可是，作为当事人的我，也想要表达啊，我也想要和他们沟通啊。于是，我就注册了这个小号。

但到了后来，我发现这些都毫无意义。因为那些喜欢你的人会一如既往地喜欢你，而讨厌你的人也会继续讨厌你。随后，又有许多人说我整容，尽管毫无依据。大概是从那个时候开始，我意识到自己成为了一个明星。被人喜爱的同时，也会被人批评，在得到的同时也需要付出代价。

那段时间，我的心情恶劣至极，恨不得删光所有微博，删掉所有账号，甚至动了退出行业的念头，幸亏又是公司同事、朋友们坚定地站在了我这边，劝慰我不要冲动行事，只要把这股风浪看成我不高智行为的一时代价，今后吃一堑长一智就好，何必自毁前途，称了网络恶人的心意。毕竟，灭了我之后，他们还会去找下一个对象，那还不如坚定地站在原地，让他们的企图不能实现，还能削弱一下对方的气焰。

我坦承这份工作为我带来了许多，它让我体会到做自己喜欢做的事情的快乐、受到尊重和喜爱，让我可以照顾父母和家人。但除此以外呢，我也看到社交网络上许多人的肆意辱骂和评价，甚至人身攻击。我能够理解他们其实是需要找到出口发泄自己人生的困惑抑或不满，但同时，我也反对这样的社交网络暴力。当你认为自己只要有一个匿名的 ID 就可以为所欲为的时候，每个人内心的那个邪恶的魔鬼就会在此刻冒出来，不顾他人感受，也不顾可能会带来的后果。

我知道这样的事情不只发生在我身上，也发生在许多别的人身上。我们最初也会愤怒，也会抵抗，最后，也都学会坦然面对。在这个过程中，我学会了分辨中肯的评价，并且谢谢那些希望我做得更好的人，但我也学会了分辨恶意的中伤，并忽视这些人可能带来的伤害。我也许要感谢这种社交网络暴力，它教会我认知，也教会我成长。但同时，也希望更多的人能够理智思考，分清私人空间和公共空间。尽管明星的私人空间大部分时候都是曝光在公众视野里的，但并不意味他们没有权利拥有普通人的生活。

不管怎样，我最赞同我的偶像麦当娜所说的："如果你不喜欢我，但还是每天都在看我的更新，那么，你就是粉我的。"

姜潮也许是一个明星，但姜潮也是一个普通人。我又想起到伦敦那天做的那个奇怪的梦来，那里面的姜潮也许只是一个普通人，他没有出众的外表，也许并不聪明，但这并不影响他也有做梦的权利。他也有去爱人，以及学习被爱的权利；他也去旅行，去认识世界，从而，知道自己想要成为什么样的人，想要怎样的成功；他的青春也曾彷徨和迷惘，但最终，他走出困顿，冲破一切，勇往向前。

我想，梦里的姜潮最后应该找到了钥匙，就像现实中的我也找到了一样。当我行走在旅行途中的时候，当我行走在人生这条路上的时候，我在许多个时刻与不同的姜潮擦肩而过，我认识到自己身上不同的侧面，我也接受每一个侧面的姜潮，因为正是他们的综合，才有了如今的我，以及一个期望变得更好的我。

天娱方制作名单

出品：**天娱音乐**

出品人：**张勇 龙丹妮**

监制：**沈永阁**

天娱影视事业部总监：**丹书光光**

策划：**莫力 丹书光光 张清乾**

艺人经纪总监：**丹书光光**

宣传总监：**宋娟娟**

宣传统筹：**张清乾**

摄影师：**郭璞源**

造型：**Nicole**

发型：**贺志国**

化妆：**Yumi Noh**

摄影助理：**邹海军**

服装鸣谢

黑色做旧宽檐礼帽 *Reinhard Plank*；黑色印花睡衣套装 *Bally*；棕色呢子大衣 *Bally*；白色衬衫 *Boss*；白色长裤 *Boss*；深蓝色内衬印花风衣 *Bally*；白色衬衫 *Lanvin*；条纹长裤 *Lanvin*；缝线西装 *Lanvin*；白色 T 恤 *Gucci*；蓝色小熊印花针织外套 *Gucci*；暗色印花套装 *Etro*；粉色印花套装 *Etro*；蓝色宽檐礼帽 *Études Studio*；灰色毛衣 *Giorgio Armani*；灰色长裤 *Giorgio Armani*；深蓝色蜜蜂刺绣夹克 *Paul & Joe*；米白色印花衬衫 *Paul & Joe*；绿色长裤 *Études Studio*；暗绿色天鹅绒西装 *Emporio Armani*；黑色皮鞋 *Jimmy Choo*；白色衬衫 *Saint Laurent*；白色西服套装 *Gucci*；白色衬衫 *Dior*；黑色胸口印花西装 *Dior*；拉链长裤 *Dior*；棕色做旧烧焦宽檐礼帽 *Reinhard Plank*；蓝色方巾 *Bally*；白色 T 恤 *Boss*；黑色牛仔裤 *Boss*；白色运动鞋 *Gucci*；棕色格子大衣 *Lanvin*；黑色印花套头衫 *Christian Dada*；黑色骷髅头设计皮夹克 *Christian Dada*；黑色皮质长裤 *Christian Dada*；黑色 Respect 印字礼帽 *Joshua Sanders*；白色印花毛衣 *Christian Dada*；白色西装 *TOPMAN*；米色长外套 *Ami*；黑色套头毛衣 *Valentino*；棕色袖口刺绣大衣 *Valentino*；白色格纹衬衫 *Étidions MR*；蓝色牛仔裤 *Étidions MR*；白色运动鞋 *Pierre Hardy*；金框眼镜 *Linda Farrow*；迷彩 Polo 衫 *Dior*；彩色印花毛衫 *Paul Smith*；白色熊猫印花毛衣 *Sankuanz*；绿色长裤 *Maison Kitsuné*；灰色印花夹克 *Carven*；黑框墨镜 *Gentle Monster*；红绿色拼格夹克 *Maison Kitsuné*；浅绿色衬衫，灰色领带及绿色条绒套装 *Maison Kitsuné*；灰色 Slip-on 印字鞋 *Joshua Sanders*；棕色流苏靴子 *Carven*

**图书在版编目（CIP）数据**

我们终将与自己相遇 / 姜潮著 . -- 北京：北京
联合出版公司 , 2017.2
　ISBN 978-7-5502-9245-1

　Ⅰ . ①我… Ⅱ . ①姜… Ⅲ . ①姜潮 –
自传 Ⅳ . ① K825.78

中国版本图书馆 CIP 数据核字 (2016) 第 262853 号

## 我们终将与自己相遇

作者：姜潮
责任编辑：龚将 夏应鹏

北京联合出版公司出版
（北京市西城区德外大街 83 号楼 9 层　100088 ）
北京市雅迪彩色印刷有限公司印刷　新华书店经销
字数 166 千字　700 毫米 ×980 毫米　1/16　16 印张
2017 年 2 月第 1 版　2017 年 2 月第 1 次印刷
ISBN 978-7-5502-9245-1
定价：49.80 元